Ralf Brandau (BG Verkehr) | Andrea Jansen | Ludwig Jungwirth † | Reiner Rosenfeld

Schaltstelle Fahrer – Dienstleister, Imageträger, Profi

EU-Berufskraftfahrer

ARBEITS- UND LEHRBUCH

VOGEL
VERLAG HEINRICH VOGEL

Name des Teilnehmers

Datum der Weiterbildung

Name der Ausbildungsstätte

3. Auflage 2013
Stand 03/2013

Autoren Ralf Brandau (BG Verkehr), Ludwig Jungwirth (†), Andrea Jansen, Reiner Rosenfeld
Bildnachweis Krone, Reiner Rosenfeld, Archiv Verlag Heinrich Vogel
Illustrationen Jörg Thamer
Umschlaggestaltung Bloom Project
Layout und Satz Uhl+Massopust, Aalen
Lektorat Sabine Schuster
Herstellung Markus Tröger
Druck KESSLER Druck+Medien, Michael-Schäffer-Straße 1, 86399 Bobingen

Die Springer Fachmedien ist Teil der Fachverlagsgruppe Springer Science+Business Media

Aus Gründen der Lesbarkeit wird im Folgenden die männliche Form (z. B. Fahrer) verwendet. Alle personenbezogenen Aussagen gelten jedoch für Männer und Frauen gleichermaßen.

ISBN 978-3-574-24741-5

Inhalt

Vorwort und Einführung

Das Berufskraftfahrer-Qualifikationsgesetz (BKrFQG) basiert auf der Richtlinie 2003/59/EG. Es regelt die Aus- und Weiterbildung von gewerblichen Bus- und Lkw-Fahrern komplett neu. Die Berufskraftfahrer im Güterkraftverkehr müssen bis zum 10. 09. 2014 (u. U. bis 10. 09. 2016) eine Weiterbildung von 35 Stunden absolviert haben.
Die Ziele und Inhalte dieser Weiterbildungen sind in der Anlage 1 der Berufskraftfahrer-Qualifikations-Verordnung (BKrFQV) definiert. Der Verlag hat diese zusammengestellt und gewichtet. So entstanden fünf Module in Einheiten von sieben Stunden, die damit den Anforderungen der Gesetzgeber in Brüssel und Berlin entsprechen. Ebenso erfüllen sie die qualitativen Anforderungen der Akademien von TÜV NORD, TÜV Rheinland und TÜV SÜD, deren Angebote zur Weiterbildung entsprechend gestaltet wurden.

Dieses Modul rückt den Fahrer selbst in den Mittelpunkt. Denn er nimmt im heutigen Güterverkehrsgeschehen eine immer bedeutendere Rolle ein. Er vertritt das Unternehmen als Dienstleister und Repräsentant bei all seinen Tätigkeiten nach außen: Wenn er beim Kunden vorfährt, sich im Verkehrsgeschehen bewegt oder mit Behörden in Kontakt kommt. Er ist gleichzeitig der Profi im Straßenverkehr und deshalb ist von ihm ein besonders vorbildliches und routiniertes Verhalten gefragt. Die Anforderungen an den Fahrer steigen jedoch auch von anderer Seite: OBU, Digitales Kontrollgerät und Bordcomputer wollen sachkundig bedient werden. Dies alles geschieht unter dem Druck immer engerer Zeitfenster und dichteren Verkehrs. Daher ist der Fahrer die Schaltstelle im Güterverkehr. Dieses Modul soll dem Fahrer helfen, den vielfältigen Anforderungen gerecht zu werden. Dazu soll auch der unternehmerische Hintergrund beleuchtet werden und zum Verständnis der Gesamtsituation beitragen. Auch für die Bedeutung der eigenen Gesundheit sollen die Inhalte sensibilisieren.

Ihr Verlag Heinrich Vogel

Symbolerläuterungen

Ziel

Medienverweis

Ziele des Moduls

Mit dem Modul „Schaltstelle Fahrer" sollen folgende Ziele erreicht werden:

- Fähigkeit, der Kriminalität und der Schleusung illegaler Einwanderer vorzubeugen (**Vgl. Anlage 1 BKrFQV, Nr. 3.2**)
- Fähigkeit, Gesundheitsschäden vorzubeugen (**vgl. Anlage 1 BKrFQV, Nr. 3.3**)
- Sensibilisierung für die Bedeutung einer guten körperlichen und geistigen Verfassung (**vgl. Anlage 1 BKrFQV, Nr. 3.4**)
- Verhalten, das zu einem positiven Bild des Unternehmens in der Öffentlichkeit beiträgt (**vgl. Anlage 1 BKrFQV, Nr. 3.6**)
- Kenntnis des wirtschaftlichen Umfelds des Güterverkehrs und der Marktordnung (**vgl. Anlage 1 BKrFQV, Nr. 3.7**)

1 Marktumfeld des Güterverkehrs

Sie sollen verstehen:
- Wie der Güterverkehrsmarkt beschaffen ist
- In welcher Konkurrenzsituation die Unternehmen stehen
- Welche anderen Verkehrsträger existieren und wie sie mit dem Straßentransport verknüpft sind
- Welche Tätigkeiten und Spezialisierungen existieren
- Welche Dienstleistungen neben dem Transport angeboten werden

Allgemein

Die Wirtschaft eines Staates besteht aus Einrichtungen und Tätigkeiten, mit denen versucht wird, die **Bedürfnisse des Menschen** zu befriedigen. Da die meisten Güter und Dienstleistungen im Verhältnis zu den Bedürfnissen der Menschen nicht unbegrenzt vorhanden sind (sie sind knapp), ist für sie ein **Preis** zu zahlen.
Unter **Nachfrage** versteht man die mit Kaufkraft oder Tauschkraft versehenen menschlichen Bedürfnisse. Eine zweite wichtige Größe ist das **Angebot** (Güter und Dienstleistungen, die in Erwartung eines angemessenen Preises angeboten werden = Angebot). Treffen Angebot und Nachfrage zusammen, entsteht ein **„Markt“**, auf dem zu einem bestimmten Preis eine Ware oder Dienstleistung gegen Entgelt getauscht bzw. gekauft wird.
Die Verkehrswirtschaft hat die Aufgabe, der Wirtschaft und den Verbrauchern bei der Überwindung des Raumes zu dienen (Dienstleistung). In Deutschland wird die Beförderungsleistung zum Teil von staatlichen bzw. kommunalen Verkehrsunternehmen (z.B. Deutsche Bahn), in der Masse jedoch von privaten Unternehmen erbracht. Die Nachfrage nach dieser Transportdienstleistung erfolgt durch private Haushalte (z.B. Umzüge) und durch Unternehmen (von Werk A nach

Werk B oder Transport von Rohstoffen vom Hafen Hamburg zur Verarbeitung nach Wolfsburg). Eine Beförderungsleistung wird auf den Verkehrswegen durch verschiedene Verkehrsträger erbracht.

1.1 Die Verkehrsträger und deren Marktanteile (Modal Split)

Die Verkehrsträger erbringen Beförderungsleistungen mit Verkehrsmitteln auf unterschiedlichen Verkehrswegen.

Verkehrsträger	Verkehrsmittel	Verkehrswege
Eisenbahnverkehr	Eisenbahnen, Züge	Schienen
Güterkraftverkehr	Lkw und Sattelzüge	Straßen
Binnenschifffahrt	Binnenschiffe	Flüsse, Kanäle
Seeschifffahrt	Seeschiffe	Meere, Flüsse, Kanäle
Luftfahrt	Flugzeuge	Luftkorridore

Abbildung 1: Übersicht der Verkehrsträger

AUFGABE/LÖSUNG

Schätzen Sie! Wie viele Kilometer Verkehrswege stehen für die folgenden Verkehrsträger in Deutschland zur Verfügung?

- Wasserwege:
- Straßen:
- Schienen:

Gemessen an der Verkehrsleistung (Gütermenge x Entfernung) verteilte sich der Güterverkehr 2011 prozentual in Deutschland wie folgt auf die Verkehrsträger:

Abbildung 2: Verkehrsleistung der Verkehrsträger 2011 (Modal Split) mit Berücksichtigung gebietsfremder Lkw* (Quelle: BAG Marktbeobachtung Güterverkehr 2011, eigene Darstellung)

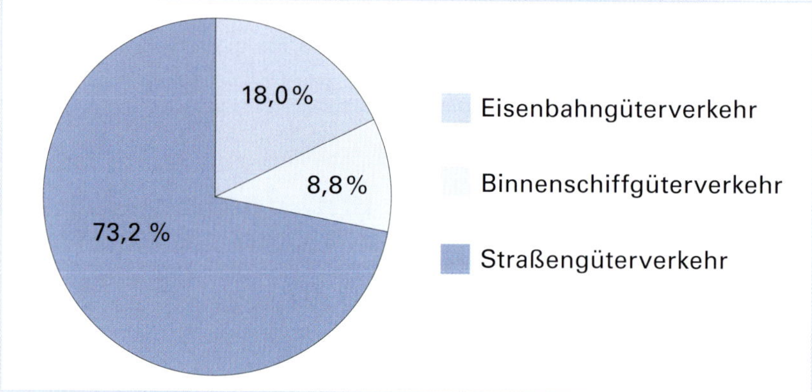

Die Verteilung des Gütertransports auf unterschiedliche Verkehrsträger wird auch als **Modal Split** bezeichnet. Dabei ist neben der derzeitigen Verteilung auch der Trend zu beachten: Dieser sieht für Straßengüterverkehr und Eisenbahngüterverkehr steigende Anteile. Der Anteil des Binnenschiffgüterverkehrs ist seit einigen Jahren sinkend.

Jeder der Verkehrsträger hat Vor- und Nachteile. Durch eine sinnvolle Verknüpfung der Verkehrsträger und Verkehrsmittel können die jeweiligen Stärken optimal genutzt werden.

Eisenbahnen

Vorteile: schnell, sicher, preiswert, energiesparend, massengutfähig, individuell durch Vielfalt von Wagentypen

Nachteile: schienengebunden (bedeutet Vor- und Nachlauf), hohe Verpackungsanforderungen

Luftverkehr

Vorteile: schnell, sicher, zuverlässig, planbare Termine

Nachteile: teuer, geringe Mengen, umweltschädlich, Vor- und Nachlauf erforderlich

* Gebietsfremde Fahrzeuge konnten ihre Beförderungsleistung um 7,1 % gegenüber 2010 steigern. Dies führt zu einer Verschiebung prozentualer Anteile zugunsten des Straßengüterverkehrs.

Binnen- und Seeschifffahrt

Vorteile: massengutfähig, energiesparend, kostengünstig

Nachteile: eingeschränkte Verkehrswege, langsam, witterungsabhängig, hohe Verpackungsanforderungen

Straßenverkehr

Vorteile: Haus-Haus-Verkehr, schnell, flexibel, individ. einsetzbar

Nachteile: hoher Energieverbrauch, umweltbelastend, teuer, geringere Kapazitäten, witterungsabhängig

1.2 Unterschiedliche Tätigkeitsbereiche im Verkehrsgewerbe

Verkehrsdienstleistung

Eine Verkehrsdienstleistung beinhaltet – neben dem reinen Transport – auch direkte und/oder indirekte Nebenleistungen. Bei der Wahl des Verkehrsmittels ist daher auch zu berücksichtigen, welcher Bedarf an Nebenleistungen gefragt ist. Nebenleistungen sind u.a. Lagerung (z.B. mit Kommissionierung), Verzollung, Verpackung, Beratung, Beschaffenheit der Güter und daraus folgende Leistungen wie z.B. Kühlung. Weitere Nebenleistungen sind der Zahlungsverkehr und die Bewachung.

Wie leistungsfähig ein Verkehrsmittel ist, hängt neben der eigenen Qualität maßgeblich von der Leistungsfähigkeit der Verkehrswege/Stationen ab. Diese bemisst sich an der Menge der Verkehrswege und an deren Qualität. Denn was nutzen Straßen, die mit modernen Nutzfahrzeugen kaum befahrbar sind?

Eine Verkehrsdienstleistung im Straßengüterverkehr (hier nur Kurzdefinitionen) kann in unterschiedlichen Formen erbracht werden:

Abbildung 3: Übersicht Verkehrsdienstleistungen

Verkehrsart	Beschreibung
Gewerblicher Verkehr	Gegen Entgelt für Dritte (Erlaubnis- und Versicherungspflicht)
Werkverkehr	Mit eigenen Fahrzeugen für eigene Zwecke (i.d.R. mit eigenem Fahrpersonal)
Binnenverkehr	Innerhalb eines Landes
Grenzüberschreitender Verkehr	Abgangs- und Zielort in zwei Staaten (innergemeinschaftlich, wenn zwei EU-Staaten beteiligt sind)
Kabotageverkehr	Binnenverkehr in einem Staat, ohne dortige Niederlassung
Linienverkehr	Regelmäßig, fahrplanmäßig
RoLa	Rollende Landstraße (Kombiverkehr)
Speditionsgeschäft	Organisation des Transports
Frachtführerschaft	Nur Transport

In Deutschland gibt es ca. 50.000 Unternehmen des gewerblichen Güterkraftverkehrs mit ca. 446.000 Fahrern. Im Werkverkehr gibt es ca. 39.000 Unternehmen mit ca. 209.000 Fahrern. Auf den Werkverkehr entfallen 2011 15,8%, auf den gewerblichen Güterkraftverkehr 84,2% in Bezug auf die Verkehrsleistung der Unternehmen (ohne Kabotage). (Quellen: BAG, Struktur der Unternehmen des gewerblichen Güterverkehrs und des Werkverkehrs, 2010; BAG, Marktbeobachtung Güterverkehr Jahresbericht 2011)

Der Großteil der Verkehrsleistung im Straßengüterverkehr wird im Fernbereich (über 150 km) erbracht, gefolgt vom Regionalbereich (50–150 km) sowie dem Nahbereich (bis 50 km). Auch wenn der überwiegende Teil der im Straßengüterverkehr insgesamt beförderten

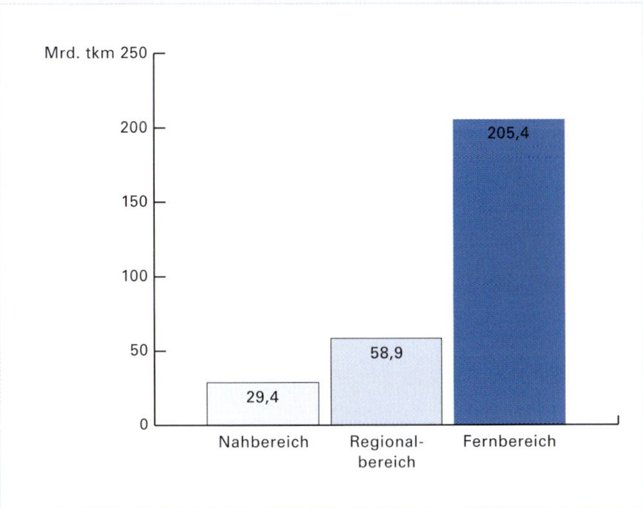

Abbildung 4: Verkehrsleistung (in Milliarden Tonnenkilometer [tkm]) nach Entfernungsbereichen in Deutschland Quelle: BAG Marktbeobachtung Güterverkehr 2011; eigene Darstellung.

Fracht (ca. 56 %) im Nahbereich (bis 50 km) transportiert wird, bewältigen die Fahrer hier die vergleichsweise geringste km-Leistung.

Das Güterverkehrsgewerbe ist überwiegend klein- und mittelständisch aufgestellt. So beschäftigen 72 % der insgesamt ca. 50.000 Unternehmen des gewerblichen Güterverkehrs weniger als 10 Mitarbeiter, 83 % besitzen bis max. 10 Lkw (s. Abbildung 5).

Abbildung 5: Lkw in Unternehmen 11/2010; Quelle: BAG, Struktur der Unternehmen des gewerblichen Güterkraftverkehrs und des Werkverkehrs 2010

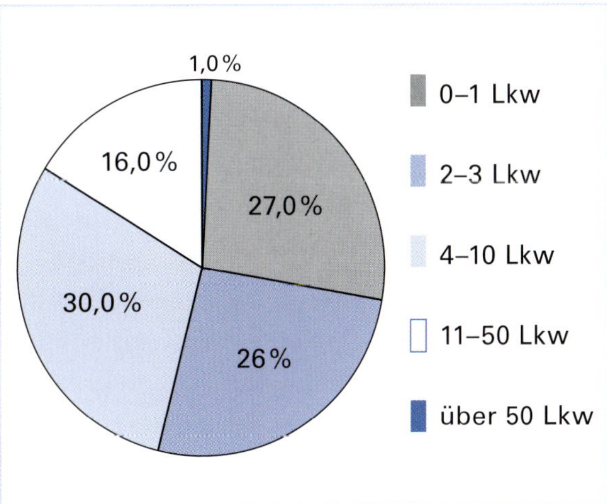

Das Leistungsangebot unterscheidet sich auf den ersten Blick nur gering, denn der Großteil dieser Unternehmen bietet als Basisleistung den Warentransport von A nach B an und ist daher aus Sicht der Auftraggeber austauschbar. Daher stehen die Unternehmen unter erheblichem Wettbewerbs- und damit auch Preisdruck. Nicht zuletzt deshalb, weil sie sich im grenzüberschreitenden Verkehr zusätzlich mit der europäischen Konkurrenz auseinandersetzen müssen. Abzuwarten bleibt, ob die Konkurrenz

nach Wegfall des Kabotage-Verbots für osteuropäische Mitgliedsstaaten mit 01.01.2012 vielleicht verstärkt werden könnte. Kabotage ist die innerstaatliche Beförderung durch ein Unternehmen aus einem anderen EU-Staat. Aktuelle Kabotage-Begrenzung für alle EU-Mitglieder nach VO (EG) 1072/2009: Beladene Einfahrt: 3 Beförderungen binnen 7 Tage; unbeladene Einfahrt: 1 Beförderung pro Staat binnen 3 Tagen.
Die Nachweispflicht erfolgt jeweils über die Beförderungspapiere.

Speditionsgeschäft

An einer Verkehrsleistung können unterschiedliche Beteiligte mitwirken. Der „klassische Spediteur" ist der Organisator des Güterverkehrs. Er arbeitet mit allen Verkehrsträgern, die sinnvoll für den jeweiligen Auftrag erscheinen und bietet seinen Kunden häufig auch eine breite Palette an Nebenleistungen an. Manche Spezialisierungen sind bereits in der Firmenbezeichnung ersichtlich (z.B. Lkw-Spedition, Seehafenspedition, Zollspediteur). Der Spediteur erbringt die im Speditionsvertrag vereinbarte Leistung, der Versender (der Auftraggeber und Vertragspartner) hat die vereinbarte Vergütung zu leisten. Die Spediteure müssen die Interessen der Versender wahrnehmen und als Kaufleute Anweisungen des Versenders befolgen sowie mit Sorgfalt arbeiten.
Besorgt ein Spediteur die Versendung, so fallen darunter die folgenden **Hauptpflichten**:

- Die Bestimmung des Beförderungsmittels und des Beförderungsweges
- Die Auswahl des/der ausführenden Unternehmen/s
- Die Erteilung von Weisungen und Informationen an die ausführenden Unternehmen
- Die Sicherung von Schadenersatzansprüchen des Versenders

Häufig werden **weitere Pflichten** vereinbart, wie z.B.:

- Verpackung und Kennzeichnung des Gutes
- Versicherung des Gutes
- Zollbehandlung
- Lagerhaltung
- Besorgen von Dokumenten

- Qualitätskontrollen
- Zahlungsabwicklung
- Schadensbearbeitung
- Sonstige logistische Zusatzleistungen (s. u.)

Selbsteintritt

Gemäß den Regeln des HGB darf der Spediteur auch die Beförderung des Gutes mit eigenen Beförderungsmitteln ausführen (Selbsteintritt). In diesem Falle hat er zusätzlich die Rechte und Pflichten eines Frachtführers.

Eine besondere Art der Güterbeförderung wird von vielen Spediteuren angeboten: **der Speditionssammelgutverkehr**.

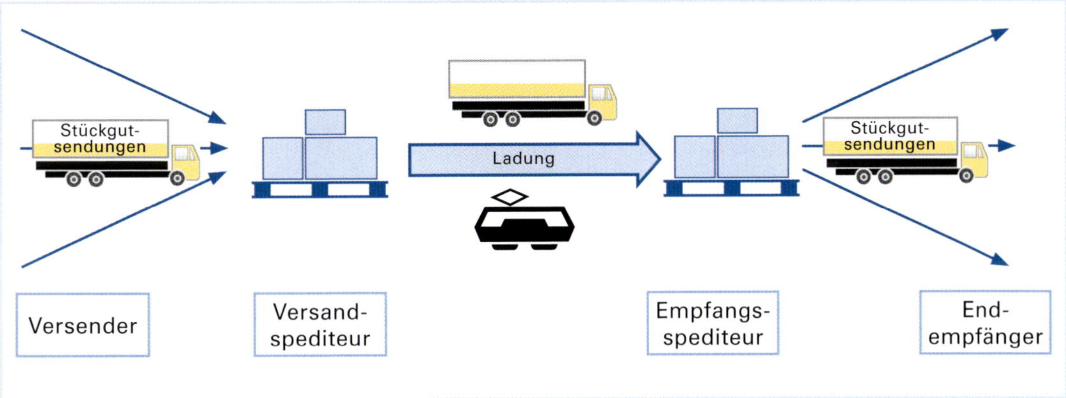

Abbildung 6: Speditionssammelgutverkehr

Merkmale:

- Kleinere Sendungen bis ca. 3 t werden zu Ladungen zusammengefasst
- als Ladungsverkehr mit Lkw/Bahn befördert
- vom Empfangsspediteur den Empfängern zugestellt
- Vorteil: die Transportkosten sinken

Haftung des Spediteurs

Die Haftung des Spediteurs ist begrenzt. Man unterscheidet folgende Fälle:

a) **Schäden an den Gütern während des Transports**
Der Spediteur haftet mit 8,33 SZR (Sonderziehungsrechten) pro kg im Lkw-Verkehr. Dies entspricht einem Gegenwert von derzeit ca. 10 Euro. Wurde ein Verkehrsvertrag abgeschlossen, der eine Seebeförderung einschließt, beträgt die Haftungssumme mind. 2 SZR pro kg.

b) **Schäden, die außerhalb des Transportes entstehen**
Der Spediteur hat Schadenersatz nach den Allgemeinen Deutschen Spediteursbedingungen (ADSp) zu leisten in Höhe von 5,00 EUR für jedes Kilogramm Rohgewicht der Sendung.

Die **Haftung je Schadensfall** ist auf einen Betrag von 1 Mio. EUR oder 2 SZR je Kilogramm begrenzt, je nachdem, welcher Betrag höher ist. Die **Obergrenze je Schadensereignis** ist auf 2 Mio. EUR bzw. 2 SZR je Kilogramm festgelegt. Bei der Lagerung: Haftung 5,00 EUR/kg, max. 5 000 EUR.

Kontrollpflichten des Spediteurs

Der Spediteur ist verpflichtet, an Schnittstellen die Packstücke auf Vollzähligkeit und Identität sowie äußerlich erkennbare Schäden zu überprüfen und eventuelle Unregelmäßigkeiten zu dokumentieren. Eine Schnittstelle ist jeder Übergang der Packstücke von einer Rechtsperson auf eine andere sowie die Ablieferung am Ende jeder Beförderungsstrecke.

Kombinierter Verkehr (KV)

Im kombinierten Verkehr werden Güter mit unterschiedlichen Verkehrsmitteln befördert. Durch genaue Abstimmung an den Schnittstellen sollen dabei keine Zeitverluste entstehen; man bezeichnet diese Verkehrsform auch als **Transportkette**. Im kombinierten Verkehr können die Vorteile der unterschiedlichen Verkehrsmittel verbunden werden. Speziell die Kombination Bahn – Lkw wird als Huckepackverkehr bezeichnet. Der Huckepackverkehr ist wieder unterteilt in unbegleiteten und begleiteten Verkehr.

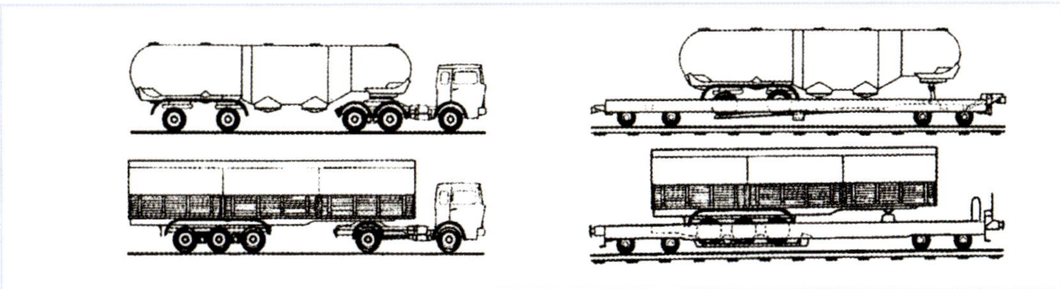

Abbildung 7:
Sogenannte RoLa
Begleiteter Verkehr

Abbildung 8:
Unbegleiteter
Kombiverkehr

1.3 Güterumschlag

Für den rationellen Güterumschlag hat sich der Container bewährt. Vor allem im Kombiverkehr mit Schiffen, Bahnen und Lastkraftwagen ist er nicht mehr wegzudenken. Entscheidend hat die internationale Normung (ISO) dazu beigetragen, dass der Container diesen Erfolg verzeichnen kann. Container und Wechselaufbauten werden als ATL (Austauschbare Ladungsträger) bezeichnet. Die zwei gängigsten Containergrößen sind

20-Fuß-Container: Länge 6 058 mm; Breite 2 438 mm; Höhe 2 438 mm; Eigengewicht 2 030 kg; Zuladung 18 290 kg

40-Fuß-Container: Länge 12 192 mm; Breite 2 438 mm; Höhe 2 591 mm; Eigengewicht 3 490 kg; Zuladung 26 990 kg

Bei der Benutzung von Containern ist immer auf die entsprechende Verriegelung (Twistlock) zu achten. Kontrollieren Sie in jedem Fall immer, ob verriegelt ist, bevor Sie abfahren.

Container werden ähnlich wie die Lkw-Aufbauten in allen möglichen Formen gebaut. So sind Tankcontainer, Schüttgutcontainer und Kühlcontainer genauso zu finden wie Container, die nur mit Verschiebeplane ausgestattet sind. Für Transporte von sperrigen Gütern eignet sich der Flatcontainer (Plattform).

Container müssen nach der ISO-Norm so stabil gebaut sein, dass sie in sechs Lagen gestapelt werden können; die neue Generation der Container ist achtfach stapelbar.

Abbildung 9: Wechselbrücke: leichter Umschlag, aber nicht stapelbar Quelle: Krone

Wechselbehälter unterscheiden sich vom Container dadurch, dass sie auf eigenen Füßen stehen. Für sie sind zwar keine Umschlaganlagen erforderlich, aber sie sind oft nicht stapelbar, was sie für den Massenumschlag untauglich macht. Es gibt mittlerweile auch stapelbare Wechselbehälter.

Paletten sind die am weitesten verbreiteten Ladehilfsmittel. Es gibt unterschiedliche Industriepaletten und die genormten Euro-Paletten (Flachpaletten und Gitterboxen). Euro-Paletten werden getauscht. Den Transportunternehmen entstehen große Schäden durch Palettenschwund (pro Palette ca. 10–15 €). Wenn nur jeder zweite Fahrer gelegentlich zwei Paletten weniger mitbringt, dann macht das im Jahr mehrere tausend Euro Verlust, die dem Unternehmen unter Umständen im Vergleich zum Wettbewerb fehlen.

PRAXIS-TIPP

Wenn eine Palette einen der folgenden Schäden aufweist, sollten Sie **nicht tauschen**:

- Das EUR-Zeichen oder andere Markierungen fehlen
- Bretter oder Klötze fehlen
- Bretter oder Klötze sind so beschädigt, dass mehrere Nagelschäfte sichtbar sind
- Der Allgemeinzustand ist sehr schlecht (morsch, verschmutzt)
- Die Palette wurde von einem nicht lizenzierten Betrieb repariert (Kennung auf den Nägeln)

Verstöße gegen die detaillierten Bestimmungen zur Herstellung und Reparatur werden straf- und zivilrechtlich verfolgt. **Der Paletten-Pool ist stets durchsetzt von Fälschungen, daher ist bei jedem Tausch höchste Aufmerksamkeit angebracht.**

1.4 Logistische Dienstleistungen

Allgemein

Der moderne Begriff Logistik stammt aus dem militärischen Sprachgebrauch. Besonders die Nachschubprobleme der Amerikaner im Zweiten Weltkrieg führten zu verstärkter Auseinandersetzung mit dem Thema, v.a. bei Transport, Umschlag und Lagerung. Heute versteht man unter Logistik die Erforschung und wirtschaftliche Gestaltung und Steuerung von Güterflusssystemen. In der Unternehmenslogistik geht es letzten Endes immer um die wirtschaftliche Lösung aller im Unternehmen anfallenden Material- und Güterströme.
Kurz: **Perfekte Logistik sorgt für die richtigen Güter in der richtigen Menge und Qualität zur richtigen Zeit am richtigen Ort beim richtigen Empfänger zu optimalen Preisen.**

Logistische Zusatzleistungen

Ein **Logistikdienstleister** (als solcher verstehen sich heute die meisten Transportunternehmer und Speditionen, die logistische Zusatzleistungen anbieten) kann viele Teilaufgaben übertragen bekommen: So sind für einen reibungslosen Produktionsprozess Aufgaben im Beschaffungs-, Produktions- und Absatzbereich eines Unternehmens zu erbringen. Für all diese Aufgaben werden mit steigender Tendenz auch unternehmensfremde Dienstleister eingesetzt. An diese sind die Anforderungen entsprechend groß, denn ein Fließband bei BMW, das wegen eines fehlenden Zulieferteils auf Ihrem Lkw stillsteht, kann unter Umständen Millionen kosten und damit auch Ihr Unternehmen zum Stillstand bringen. Dieses Auslagern von Teilaufgaben oder ganzen Betriebsteilen nennt man **„Outsourcing“**. Man verfolgt damit eine Kostenersparnis. In der Regel beschränkt sich das auslagernde Unternehmen auf seine eigentliche Kompetenz, in unserem Beispiel das Fertigen von Autos. Der Logistikdienstleister erbringt dann z. B. die Lagerleistung und sorgt für die Anlieferung „just in time“ (genau dann, wenn das Teil verbaut werden soll). Dies führt dazu, dass die Transportleistungen im Werkverkehr stetig schrumpfen.

Das **Just-in-Time-Prinzip** bringt vor allem dann Einsparungen an Zeit, Material, Energie und Personal, wenn es gelingt, die Warenströme so zu gestalten, dass die Produkte gerade rechtzeitig produziert und bereitgestellt werden. Mit dem Just-in-Time-Prinzip „verlagert" man das Lager gewissermaßen auf die Straße bzw. zum Dienstleister. In unserem Beispiel könnten das z. B. die Sitze sein, die in den Autos verbaut werden.

Vorteile für den Auftraggeber:
- Bestandsreduzierung an Zulieferprodukten
- Somit weniger Kapital gebunden
- Weniger Lagerfläche erforderlich
- Weniger komplexe interne Abläufe (Warentransport)

Risiken für den Auftraggeber:
- Wegen geringer Vorräte Anfälligkeit erhöht (z. B. bei Streiks)
- Abhängigkeit von Partnerfirmen steigt

Lagerhaltung als Teil der Logistik

Die Lagerhaltung ist immer dann erforderlich, wenn ein Gut nicht unmittelbar an die nächste Verwertungsstelle (d. h. Produktionsschritt oder Kunden) weitergegeben werden kann. Ein Lager ist gleichzeitig „totes Kapital" und „Sicherheits-Puffer". Der Trend geht in den letzten Jahren in Richtung Outsourcing auch des Lagers an den Logistikdienstleister. Dann übernimmt dieser die Lagerhaltung und häufig auch die **Kommissionierung**. Darunter versteht man das Zusammenstellen bestimmter Teilmengen aus einem Warensortiment aufgrund eines Kundenauftrags. Die kommissionierte Ware wird verpackt und dem innerbetrieblichen oder außerbetrieblichen Versand übergeben. Der heutige Logistikdienstleister ist nicht nur Lagerhaus, sondern erfüllt zahlreiche Aufgaben in der Supply Chain (logistischen Kette). In einigen Industriezweigen kann der Logistiker im Extremfall zum Beispiel folgende Leistungen entlang der Supply Chain erbringen: die Rohstoffgewinnung, die Beschaffung von Zulieferteilen, den Transport, die Vor-Ort-Bereitstellung zur Produktion und auch das Recycling bzw. die Entsorgung von Alt- und Abfallprodukten.

2 Das Bild des Unternehmens in der Öffentlichkeit

In Deutschland gibt es rund 50.000 Transportunternehmen mit nahezu identischem Leistungsangebot: dem Transport. Wettbewerb ist hier fast nur über den Preis und das Image, also das Bild des Unternehmens in der Öffentlichkeit, möglich.

Abbildung 10: Ein Imageträger Quelle: Reiner Rosenfeld

2.1 Der Fahrer als Imageträger

Was ist Image?

Der Begriff „Image“ kommt aus dem Englischen und bedeutet „Bild“. Das Image ist also ein Bild, das Menschen von Personen, Institutionen (z. B. Unternehmen) oder Gegenständen haben. Dieses „Bild“ entsteht hauptsächlich auf der Gefühlsebene und wird durch Informationen oder Wahrnehmungen gebildet. Ein Image kann sowohl positive als auch negative Gedankenverknüpfungen umfassen. Kennzeichnend für das Image ist, dass es sich im Laufe der Zeit verfestigt und nur schwer zu verändern ist. Dieses Bild ist ein entscheidender Einflussfaktor bei Kaufentscheidungen.

Man unterscheidet zwischen Fremdimage und Selbstimage. **Selbstimage** ist das Bild, das Unternehmen von der eigenen Ware oder Dienstleistung haben. **Fremdimage** ist das Bild, das andere Personen von dieser Ware oder Dienstleistung haben.

AUFGABE/LÖSUNG

Erklären Sie den Begriff „Image“.

Sie sollen erfahren,
- mit welchen Mitteln Sie als Fahrer zum positiven Image Ihrer Firma beitragen können
- welche Faktoren das Image negativ beeinflussen

Wie wirkt Image?

Wie „Image“ aufgebaut wird und wirkt, lässt sich gut am Beispiel des Energydrinks Red Bull darstellen. Der wirbt mit dem Slogan „Red Bull verleiht Flügel“. Dafür präsentiert sich Red Bull sehr werbewirksam im Motorrennsport, bei Flugtagen oder jungen, trendigen Sportarten. Ziel ist, die Marke mit Begriffen wie Geschwindigkeit, Sportlichkeit und Dynamik in Verbindung zu bringen, die in einer modernen Gesellschaft positiv bewertet werden. Gleichzeitig steht Red Bull damit für Menschen, die Außergewöhnliches leisten. Mit diesem sehr markanten Image kann sich Red Bull gegen andere Energydrinks abgrenzen.
An **Produkte ohne Image** erinnert sich kaum jemand. Das beweisen die No-Name-Produkte (namenlose Produkte) in den großen Discounter-Ketten wie z. B. Aldi, Lidl, Norma. Die werden v. a. gekauft, weil sie billig sind, den Namen kennt kaum jemand.

Problematisch ist ein **negatives Image**. Dagegen gehen Unternehmen durch Imagekampagnen vor. Als SEAT 1986 von Volkswagen übernommen wurde, bestanden kaum Chancen, die Marke in Deutschland zu verkaufen. SEAT hatte wegen langjähriger, billiger Lizenzbauten im restlichen Europa kein hochwertiges Image. VW begann, die Leistungsfähigkeit durch Rallye-Einsätze und Cup-Rennen zu beweisen. Durch die Rennerfolge wurde die Marke auf dem „europäischen Markt" etabliert. Parallel wurden sportliche Mittelklassefahrzeuge entwickelt. Erst 2001 zog sich SEAT aus dem Rennsport zurück: Die Marke hatte sich fest in der europäischen Automobilszene verankert. 15 Jahre hatte die Politur des Images letztlich gedauert.

2.2 Corporate Identity, Fahrzeug und Fahrer

Sie sollen den Begriff der Corporate Identity und seine Bedeutung für Transportunternehmen verstehen. Sie sollen erfahren, in welchem Rahmen der Fahrer das Firmenimage beeinflussen kann durch

- Gestaltung des Fahrzeugs
- Zustand des Fahrzeugs
- Verhalten im Straßenverkehr
- Verhalten in der Öffentlichkeit
- Kriminelles Verhalten

Corporate Identity

Firmeneigene Fahrzeuge stellen eine sehr effektive Art der Selbstdarstellung einer Firma und ihrer Philosophie in der Öffentlichkeit dar. Am Beispiel der gelben ADAC-Fahrzeugflotte dürfte dies für jeden verständlich werden. Die markante Fahrzeugfarbe und die ebenfalls gelb gekleideten Mechaniker haben nicht umsonst die Bezeichnung „Gelbe Engel" verliehen bekommen. Ein weiteres bekanntes Beispiel ist das Kurier-Unternehmen United Parcel Service. Die braunen UPS-Fahrzeuge und braun gekleideten Fahrer des Paketservices sind seit Jahren ein Klassiker in Sachen Corporate Identity – dem einheitlichen Erscheinungsbild einer Firma in der Öffentlichkeit.

Was genau ist Corporate Identity?

Die Corporate Identity (CI) ist die Unternehmensidentität. Sie ist die „Persönlichkeit" oder der „Charakter" einer Firma. Das Konzept der „CI" beruht auf der Idee, dass Unternehmen wie Persönlichkeiten wahrgenommen werden und ähnlich wie solche handeln können. Die Identität einer Person ergibt sich aus der äußeren Erscheinung und wie sie spricht und handelt. Auf der Ebene des Unternehmens lässt sich diese Identität durch ein einheitliches Erscheinungsbild und einheitliches Handeln erreichen. Das Unternehmen erhält so eine quasimenschliche „Persönlichkeit".

Im Bereich der Transportbranche mit ihrer sehr begrenzten Produktpalette (Transport und Logistik) ist eine Abgrenzung durch CI gegenüber anderen Unternehmen von sehr großer Wichtigkeit, da die Firmenidentität einen sehr starken Einfluss auf die Auftragsvergabe des Kunden hat. Im Transportbereich geschieht Corporate Identity meist auf Ebene der Fahrzeugflotte. So wird das Unternehmen „hinter" dem Produkt „Transport" für den Kunden eindeutig identifizierbar.

Ein wesentlicher Bestandteil einer Firmenidentität ist **das Vertrauen des Kunden** in die Transport- und Logistikleistung des Unternehmens. Dieses Vertrauen entsteht aber nicht automatisch, sondern muss erarbeitet und jeden Tag aufs Neue unter Beweis gestellt werden. Nur so kann ein Unternehmen auf Dauer positiv wahrgenommen werden.

Corporate Identity und das Fahrzeug

> Sie erkennen, dass Sie durch Gestaltung und Zustand des Fahrzeugs das Firmenimage beeinflussen können.

Abbildung 11:
Starke Flotte
Quelle: Reiner Rosenfeld

Als ein Beispiel für diese Art der Profilierung und Umsetzung von Corporate Identity im Schwerverkehrsbereich kann die österreichische Spedition Vögel gesehen werden. Bei dem Vorarlberger Transportunternehmen besteht der Fuhrpark fast ausschließlich aus sehr hochwertig ausgestatten Lkw, die dem „Truckerimage" sehr nahe kommen. Bull-

Abbildung 12: Gepflegte Fahrzeugflotte Quelle: Spedition Gangolf

fänger, Zusatzscheinwerfer und eine aufwändige Lackierung vermitteln ein starkes, selbstbewusstes Bild. Das Erscheinungsbild der Fahrzeuge repräsentiert im Straßenverkehr die Leistungsfähigkeit des Transportunternehmens. So wird Vertrauen aufgebaut. Neben diesem sehr markantem Beispiel gibt es noch weitere Möglichkeiten, Unternehmenswerte durch Fahrzeuggestaltung darzustellen. So vermittelt z. B. eine gepflegte, dezent gestaltete Fahrzeugflotte Zuverlässigkeit und Seriosität.

Die Gestaltung des Fahrzeugs

Auch Fahrer gestalten Fahrzeuge – durch Schilder in der Frontscheibe, Anbauten wie Lichter oder Scheinwerfer. Dabei sollte die Fahrzeuggestaltung immer im Einklang mit den Werten des Unternehmens stehen. Wer sein Fahrzeug beispielsweise mit dem Spruch „My other toy has tits" („Mein anderes Spielzeug hat Brüste") „verziert", kann seinem Unternehmen Schaden zufügen, weil das aufgebaute Vertrauen leichtfertig aufs Spiel gesetzt wird. Die frauenfeindliche Aussage des Aufklebers könnte, z. B. auf einem Vögel-Lkw aufgebracht, katastrophale Auswirkungen haben. Sie stellt das bis dahin positive, sehr männliche Image der Firma in einen vollkommen falschen, frauenfeindlichen Zusammenhang. Man stelle sich vor, die Versandleiterin eines großen Auftraggebers versteht den Aufkleber als frauenfeindlich und entzieht der Spedition bei der nächsten Gelegenheit die Aufträge. Sicherlich ist sich der unbekannte Fahrer dieser Wirkung und der möglichen Folgen nicht bewusst. Aber unabhängig davon bleibt der Inhalt bestehen.

Abbildung 13: Unangebrachter Aufkleber Quelle: Reiner Rosenfeld

Vollkommen unverständlich ist es, eine Fahrerkabine mit dem Spruch „legal – illegal – scheißegal" zu schmücken. Nicht nur besonders kritische Kunden werden sich da sehr genau überlegen, ob sie ihre wertvolle Fracht diesem Fahrer oder dieser Firma anvertrauen können.

Wer aber sein Fahrzeug mit dem Aufkleber „Polizisten sind wie Schnittlauch, außen grün und innen hohl" verziert, der fügt seiner Firma vorsätzlichen Schaden in doppelter Hinsicht zu: einerseits durch den Image-Verlust bei der Polizei, andererseits durch den Zeitverlust bei absolut unnötigen Polizeikontrollen. Veränderungen am Fahrzeug können auch positiv wirken. Abbildung 15 belegt das Interesse am Kunden durch den Fahrer und das Unternehmen.

Abbildung 14: Lkw-Aufkleber Quelle: Reiner Rosenfeld

Abbildung 15: Positive Aussage Quelle: Reiner Rosenfeld

AUFGABE/LÖSUNG

Wozu dient „Corporate Identity"?

- ❑ Zur Verschönerung der Firma
- ❑ Zur Verschönerung der Fahrzeuge
- ❑ Um dem Unternehmen eine „Persönlichkeit" zu verleihen

Fazit

Fahrer sollten erkennen, dass ihr Handeln im Zusammenhang mit einer übergeordneten Zielsetzung des Unternehmens steht. Deswegen sollten Sie vor Veränderungen an ihrem Fahrzeug das Einverständnis der Firmenleitung einholen und die gesetzlichen Bestimmungen prüfen.

Der Zustand des Fahrzeugs

Das ungepflegte Aussehen eines Fahrzeuges oder sein mangelhafter technischer Zustand können dem Firmenimage schweren Schaden zufügen. Denn das Vertrauen des Kunden in die Leistungsfähigkeit des Transportunternehmens kann so nachhaltig gestört werden und zum Verlust von Aufträgen führen.

Fahrer verhalten sich dann pflichtbewusst, wenn sie Schäden und Mängel an Fahrzeugen umgehend dem Unternehmen melden. So können einvernehmlich mit der Disposition Termine für Reparaturen und Wartungsarbeiten festgelegt werden.

Imageschädigend kann auch der Zustand einer Ladeeinheit sein. Daher hat der Fahrer die Pflicht, vor Ankunft beim Kunden den Laderaum in perfekten Zustand zu versetzen:

- Ladefläche besenrein und trocken
- aufgeräumt (Leerpaletten sauber gestapelt und gesichert, Hilfsmittel wie Leitern verstaut)
- bereits geladene Ware perfekt gesichert
- Dach- und Seitenplane ohne Risse oder Löcher
- Dicht schließende Türen und Bordwände
- komplette Anzahl Stecklatten (dürfen nicht gesplittert oder angebrochen sein)
- belastbarer, ebener Laderaumboden ohne gebrochene Bodenplatten oder hervorstehende Nägel/Schrauben
- geruchsneutral
- ausreichend Material zur Ladungssicherung (neuwertige, nicht beschädigte Gurte, ausreichend Kantengleiter, Antirutschmatten, Spannlatten)
- unter Umständen intakte Zollschnur

Abbildung 16: Perfekte Ladefläche Quelle: Reiner Rosenfeld

Der Boden der Ladeeinheit muss besenrein sein, damit die transportierte Ware nicht verschmutzt wird und damit auch der Reibwert zwischen Ladegut und Boden nicht unnötig verringert wird.

PRAXIS-TIPP

Führen Sie kräftiges Klebeband in der Farbe der Plane mit, um kleine Risse oder Löcher in der Plane schnell kleben zu können (nur als vorübergehende Lösung – die Plane muss danach schnellstmöglich fachgerecht repariert werden).

Ladehilfsmittel sollten professionell untergebracht werden. In Abb. 17 lässt sich die Türe nur schließen, wenn Schäden an der Ware in Kauf genommen werden. Ein schönes Beispiel für ordentliches Verstauen sehen Sie im rechten Bild (Abb. 18).
Zum ordentlichen Erscheinungsbild eines Fahrzeugs gehört auch eine sauber verschlossene Plane. Eine im Fahrtwind flatternde, nachlässig geschlossene Plane erweckt den Eindruck von Schlamperei und Gleichgültigkeit. Dies wird Kunden mit hochwertiger, wertvoller Ware beunruhigen. Manche Kunden sehen ihr eigenes Firmenimage auch verzahnt mit dem des Transporteurs. Hat der Spediteur einen

Abbildungen 17+18: Ladehilfsmittel falsch und richtig verstaut
Quelle: Reiner Rosenfeld

dauerhaft schlechten Ruf, schlampige Fahrzeuge und Fahrer, besteht für den Kunden die Gefahr, dass sich das eigene Image verschlechtert. Dies kann u. U. auch dazu führen, dass Transportaufträge anderweitig vergeben werden.

Fahrer sollten auch im eigenen Interesse Wert auf ein perfektes „Äußeres" des Fahrzeugs legen. Äußerlich auffällige Kraftfahrzeuge werden häufiger und genauer von Polizei und BAG kontrolliert. Die Kontrolleure können es als Zeichen werten, dass Fahrer unter Zeitdruck stehen oder generell schlampig arbeiten.

Abbildung 19: Ungepflegtes Fahrzeug Quelle: Reiner Rosenfeld

Fazit

Der Fahrer hat die Verantwortung, im Rahmen seiner Möglichkeiten für ein gepflegtes, technisch einwandfreies Fahrzeug zu sorgen. Sein Ziel muss es sein, mit dem Fahrzeug bei Kunden und in der Öffentlichkeit einen positiven und nachhaltigen Eindruck zu hinterlassen.

Corporate Identity und der Fahrer

▶ Sie erkennen: Sie können durch Ihr Verhalten im Straßenverkehr und in der Öffentlichkeit das Firmenimage beeinflussen.

Verhalten des Fahrers im Straßenverkehr

Auch das Verkehrsverhalten von Fahrern kann den Ruf einer Firma beeinflussen. Dies gilt besonders auf Strecken im engeren Umkreis um die Niederlassungen des Unternehmens. Denn in diesen Bereichen gehören die Firmen-Lkw zum gängigen Straßenbild.
Durch rücksichtsvolles Verhalten hat der Fahrer die Möglichkeit, das Unternehmen in ein positives Licht zu setzen. Lassen Sie daher andere Verkehrsteilnehmer

- nach Steigungen überholen oder
- nach längeren Landstraßenpassagen die „Schlange" hinter dem Lkw an einem Parkplatz vorbei

Der damit verbundene Zeitverlust ist gering, der Imagegewinn jedoch erheblich, weil die Lkw eindeutig einer Spedition zuzuordnen sind.
Rücksichtsloses Verhalten von Fahrern eines Transportunternehmens beeinflusst das Ansehen der Firma zwingend negativ. Nach einer gewissen Anzahl negativer Erfahrungen werden Verkehrsteilnehmer nicht mehr zwischen der „Persönlichkeit" der Fahrer und des Unternehmens unterscheiden können oder wollen.

Abbildung 20: Elefantenrennen Quelle: Reiner Rosenfeld

Negativ beeinflussen auch **Elefantenrennen** das Bild der beteiligten Transportunternehmen (den Namen lesen die Nachfolgenden ja lang genug) und der gesamten Branche. Der DVR (Deutscher Verkehrssicherheitsrat) listet langwierige Lkw-Überholmanöver auf Platz 4 der größten Ärgernisse auf Autobahnen. Dabei ist Überholen mit zu geringer Differenzgeschwindigkeit nach StVO §5 Abs. 2 verboten.

Wie wichtig das zum Verkehrsteilnehmer gewandte Heck eines Lkw als Imageträger ist, haben inzwischen auch deutsche Transportunternehmen erkannt und verzieren es werbewirksam mit Aufklebern, auf denen zu lesen ist: „Wie fahre ich? .....". Per Telefon können sich so andere Verkehrsteilnehmer beschweren oder ihre Bewunderung ausdrücken. Für engagierte Fahrer ist der Aufkleber gleichzeitig eine Verpflichtung, sich im Straßenverkehr optimal zu verhalten – gegenüber Kollegen und anderen Verkehrsteilnehmern.

Abbildung 21: Beispiel aus England: Wie fahre ich? Quelle: Reiner Rosenfeld

Fazit

Fahrer können aktiv zur Verbesserung des Unternehmens-Images beitragen, indem sie sich im Straßenverkehr rücksichtsvoll verhalten. Kleine freundliche Gesten wie das Ermöglichen eines Überholvorganges werden von anderen Verkehrsteilnehmern anerkannt und festigen das positive Image eines Unternehmens in der Öffentlichkeit. Fehlverhalten im Straßenverkehr macht sich unter Umständen im Unternehmensimage nicht sofort negativ bemerkbar, schädigt aber auf lange Sicht den Ruf eines Unternehmens und den Ruf der ganzen Branche.

Verhalten des Fahrers in der Öffentlichkeit

Das **Umwelt-Image** eines Unternehmens gewinnt in Zeiten der Energieverknappung permanent an Bedeutung. Auch hier kann der Fahrer zum Unternehmenserfolg maßgeblich beitragen!

Abbildungen 22+23:
Umwelt-Image
Quelle: Reiner Rosenfeld

Umweltgerechtes Verhalten sollte generell für jeden Fahrer selbstverständlich sein. Dabei muss er zumindest Folgendes beachten:

- Motorstopp bei Fahrzeugstopp
- Motoren nicht unnötig im Stand laufen lassen
- Möglichst energiesparende Fahrweise

Angesichts der Klimadiskussion betrachtet die Öffentlichkeit die Transportbranche zunehmend kritisch. Wer gegen die genannten Grundregeln verstößt, schädigt das Ansehen der Firma und der Branche und gefährdet so Arbeitsplätze. Zudem vergeudet dieser Fahrer vollkommen unnötig Geld.

Verdreckte Parkplätze

Ein besonders krasses Beispiel für Umweltsünden von Fahrern sind total verdreckte Lkw-Parkplätze. Es ist erschreckend und traurig zugleich, dass viele Lkw-Fahrer ihren Müll nicht vom Parkplatz bis zur nächsten offiziellen Entsorgungsmöglichkeit transportieren wollen. Wer wundert sich dann noch, dass die Akzeptanz gegenüber Lkw und Lkw-Fahrern in der Gesellschaft ständig sinkt und sie durch Parkplatzsperrungen oder Parkverbotsschilder aus dem Ortsbild oder aus Industriegebieten vertrieben werden.

Kriminelles Verhalten

Kriminelles Verhalten von Fahrern ist unverzeihlich und schwer rufschädigend. Es wird zu Recht in den meisten Fällen mit fristloser Kündigung geahndet. Wenn Kraftfahrer in Kriminalität verstrickt sind, dann am häufigsten in Lager- und Transport-Kriminalität, z.B.:

- Ware wird aus dem Lager des Kunden entwendet (hochwertige Elektrogeräte, alkoholische Getränke o.ä.)
- Warendiebstahl vom eigenen Lkw durch den Fahrer (oft nur kleine Mengen für den eigenen Bedarf, sodass bei oberflächlicher Kontrolle der angelieferten Ware Fehlmengen oft nicht festgestellt werden, zumeist Lebensmittel oder Massenartikel)
- Diebstahl von Leerpaletten aus dem Kundenlager (unter Fahrern oft als Kavaliersdelikt gewertet)
- Fahrer entwenden unmittelbar vor der Abfahrt Besen, Leitern oder andere Gegenstände, die für das Beladen bereitstehen
- Fahrer stehlen der eigenen Firma Diesel
- Ladungssicherungsmaterial von Kollegen wird entwendet

Kriminell handelt auch, wer z. B. Parkplätze dazu nutzt, um Reste aus Silos oder Tankwagen illegal zu entsorgen.

Alkohol

Gegen ein Bierchen nach Dienstschluss oder eine ausgelassene Party am Wochenende hat niemand etwas einzuwenden. Anders ist das, wenn Fahrer mit Restalkohol oder Schnapsfahne beim Kunden auftauchen. Der wird sich dann die Frage stellen, ob seine Ladung bei dem betrunkenen Fahrer wirklich sicher aufgehoben ist. Die Verbindung „Alkohol und Berufskraftfahrer" ist nicht nur imageschädigend, sondern verboten, direkt geschäftsschädigend und ein Grund zur fristlosen Entlassung.

2.3 Der Fahrer als Repräsentant seines Unternehmens

Sie lernen die vielfältigen Möglichkeiten kennen, mit denen Sie durch Ihr Erscheinungsbild zum Firmenimage beitragen können (Persönlichkeitswirkung, die passende Kleidung im beruflichen Alltag, Körperhygiene, Selbstverständnis).

Die Persönlichkeitswirkung

AUFGABE/LÖSUNG

Wie viel Prozent der Persönlichkeitswirkung entfallen auf das Aussehen und die Körpersprache?

❑ 36% ❑ 0,3% ❑ 55%

Die Art, wie Fahrer gekleidet sind und wie sie sich gegenüber Dritten verhalten, beeinflusst das Unternehmensimage ganz erheblich. Die Persönlichkeitswirkung eines Menschen wird in drei Bereiche unterteilt:

- Das Aussehen und die Körpersprache
- Die Sprache, die Art zu sprechen und die Stimme
- Das Sachwissen

Bei einer ersten Begegnung mit einem fremden Menschen werden diese drei Wirkungsbereiche unterschiedlich gewichtet. Von 100 Prozent Persönlichkeitswirkung entfallen dabei:

- 7% auf sein Sachwissen
- 38% auf seine Sprache, die Art zu sprechen und die Stimme
- 55% auf das Aussehen und die Körpersprache

Vereinfacht kann dies mit dem Satz zusammengefasst werden:
„Es ist bei einer ersten Begegnung nicht wichtig, was einer sagt, es ist nur wichtig, wie er dabei aussieht und wie er es tut!"

Menschen „scannen" ihr Gegenüber bei einer ersten Begegnung in nur drei Sekunden. In dieser Zeit wird entschieden, ob die Person sympathisch oder unsympathisch wirkt. Dieser Eindruck bleibt bestehen und kann erst im Laufe weiterer Begegnungen durch „besseres Kennenlernen" verändert werden.

Die passende Kleidung

Kleidung und Auftreten eines Fahrers sind daher ganz entscheidend bei der Imagebildung einer Person und der durch sie repräsentierten

Firma. Immer mehr Unternehmen verpflichten deshalb die öffentlich in Erscheinung tretenden Mitarbeiter zu einheitlicher Dienstkleidung.

Eigentlich sollte saubere und gepflegte Garderobe in allen Bereichen der Transportbranche selbstverständlich sein. Trotzdem sind immer wieder Fahrer zu beobachten, die mit verdreckter und zerschlissener Kleidung beim Kunden auftreten. Vollkommen unpassend ist v.a. das Auftreten einiger Fahrer in ausgeleierter Trainingshose, gepaart mit einem weißen Feinripp- oder Netzunterhemd und Badeschlappen mit Tennissocken. Wer so Kontakt mit einem Kunden aufnimmt, Passanten nach dem Weg fragt oder nach dem Tanken an die Kasse schlurft, der fügt dem Image seines Unternehmens großen Schaden zu.

Dass sich Kunden vom Auftreten von Fahrern mitunter massiv gestört fühlen können, ist in einigen Firmen an Schildern zu erkennen. Darauf werden Kraftfahrer gebeten, Bürogebäude nur in korrekter Kleidung zu betreten. Natürlich ist allen klar, dass im Fahrerberuf niemand als Dressman mit Anzug und Krawatte auf Dauer bestehen kann. Aber ein Minimum an passender Kleidung sollte zum Stil eines engagierten Berufskraftfahrers gehören.
Wer als Fahrer auf hochwertiges, imageförderndes Aussehen Wert legt, ist – neben professioneller Berufskleidung – mit der folgenden Kleiderordnung, die niemanden bevormunden will, gut beraten:

- Ein sauberes (dunkles) Polo-Shirt, in der warmen Jahreszeit für Kundenkontakte. Beim Fahren kann man sich natürlich lockerer kleiden.
- Lange Hosen (Jeans oder Trekkinghosen)
- Im Winter ein dunkler (Rollkragen-) Pullover
- Eine saubere Jacke sollte in der kälteren Jahreszeit immer in der Kabine sein, unabhängig von der Arbeitsjacke

So gekleidet, begegnet man dem Fahrer überall respektvoll und man ist ein adäquater Ansprechpartner auch für höhere Angestellte des Kunden. Bei Ladeaktivitäten in praller Sonne können auch eine kurze Hose und ein nackter Oberkörper angebracht sein. Allerdings sollte diese reduzierte Kleidung auf den Bereich rund ums Laden begrenzt sein.

Abbildung 24: Underdressed, Optidressed, Overdressed

Medienverweis →
Beispiele für Firmenkleidung finden Sie z. B. auf den Internetseiten der Truck-Hersteller.

Körperhygiene

Die körperliche Hygiene wird von manchem Fahrer oft sträflich vernachlässigt. Natürlich ist es oft nicht möglich, als Fahrer jeden Tag zu duschen. Aber ein Minimum an körperlicher Hygiene muss eingehalten werden – wenn nicht für das eigene Image, dann für das des Unternehmens.

Selbstverständnis

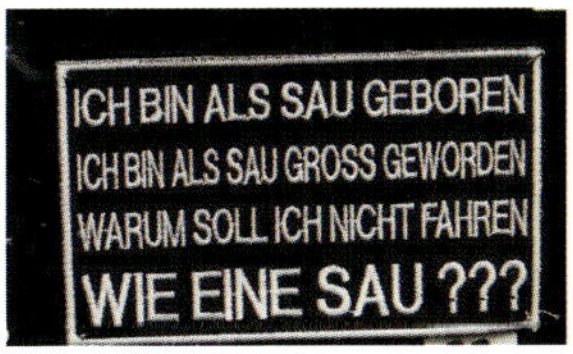

Abbildung 25: Aufnäher
Quelle: Reiner Rosenfeld

Durch ungepflegtes Auftreten machen sich manche Fahrer zu Underdogs, d. h. zu Personen, die sich auf einer der untersten Stufen im Ansehen befinden. Andere Fahrer reduzieren sich durch Aufnäher oder Schriftzüge auf ihrer Kleidung in der eigenen Bedeutung.

Was Lkw-Fahrer im Arbeitsalltag leisten, ist wirklich bewundernswert! Lange Arbeitstage an fünf bis sechs Tagen die Woche; alleine die Verantwortung zu übernehmen für Lkw und Ladung oft im Wert von mehreren 100.000 Euro und Kunden in ganz Deutschland oder Europa zu beliefern. Oder im Nahverkehr im Gewimmel von Großstädten täglich

Dutzende von Lieferadressen anzusteuern und das Fahrzeug immer sicher nach Hause zu bringen: Das sind großartige Leistungen, auf die jeder Fahrer zu Recht stolz sein darf. Dies sollten Fahrer jedoch auch selbstbewusst in der Öffentlichkeit darstellen – auch durch gepflegte Kleidung und selbstsicheres, ordentliches Auftreten – im eigenen Interesse, aber auch im Interesse ihrer Firma. Ziel muss es sein, bei Kunden und in der Öffentlichkeit einen positiven und nachhaltigen Eindruck zu hinterlassen. Ein positives Image der Lkw-Branche und der Fahrer ist die Grundlage dafür, dass sich gemeinsame Interessen der Transporteure und ihrer Fahrer durchsetzen lassen: die Forderung nach gerechter Bezahlung von Transporten, gerechten Fahrerlöhnen und verbesserten Arbeitsbedingungen für Fahrer und Spediteure.

Fazit

Fahrer können über die Wirkung ihrer Persönlichkeit das Image der Firma beim Kunden und in der Öffentlichkeit direkt positiv beeinflussen. In ihrem Arbeitsumfeld müssen sie jederzeit geeignete, saubere und gepflegte Kleidung tragen. Körperhygiene ist unabdingbar.

2.4 Kommunikation und Umgang mit verschiedenen Gesprächspartnern

Sie sollen
- Gesprächspartner im beruflichen Umfeld und mögliche Konfliktsituationen kennenlernen
- lernen, durch geeignete Kommunikationsmethoden Konflikte mit Gesprächspartnern zu vermeiden oder zu lösen.

Warum Kommunikationstraining für Fahrer?

Lkw fahren ist mehr, als nur Ware von A nach B zu transportieren. Es ist, genau betrachtet, ein Beruf für Menschen, die gerne mit anderen Menschen zu tun haben. Gleichzeitig ist es ein Beruf, der viel Ge-

schicklichkeit im Umgang mit anderen Personen voraussetzt. Zwar muss derjenige Fahrer, der im internationalen Fernverkehr pro Woche nur eine Handvoll Kunden ansteuert, den Umgang mit Menschen nicht wirklich perfekt beherrschen. Je mehr Kundenkontakte den Berufsalltag prägen, desto wichtiger wird es, Regeln für den Umgang mit Menschen zu kennen und anzuwenden. Schließlich ist der Fahrer der Imageträger seines Unternehmens an der Schnittstelle „Kunde".
Das Erscheinungsbild des Fahrers allein reicht jedoch nicht aus, um Gespräche mit Kunden im Sinne des eigenen Unternehmens erfolgreich zu führen und gleichzeitig einen für das Firmenimage guten Eindruck zu hinterlassen. Hier ist es vielmehr wichtig, Grundregeln der Kommunikation zu beherrschen.

Was ist Kommunikation?

Bei der Kommunikation geht es um die Verständigung zwischen Menschen. Der Grundvorgang lässt sich mit wenigen Worten beschreiben:
Auf der einen Seite gibt es einen **Sender**, der eine **Nachricht** formuliert. Auf der anderen Seite gibt es einen **Empfänger**, der diese Nachricht entschlüsselt.
Kommunikation verläuft in den seltensten Fällen eindeutig. Denn sie besteht nicht nur aus der Weitergabe sachbezogener Informationen. Vielmehr laufen zwei Drittel des Informationsaustausches in einem Gespräch über akustische (Gehör) und visuelle Signale (Augen), also über Gesten, Körperhaltung, Mimik oder Betonung beim Sprechen sowie der Sprachmelodie. Bis zu 90 Prozent der Zeit, die ein Mensch spricht, werden von Gesten begleitet. Ein wichtiges Ausdrucksmittel ist hierbei auch das Gesicht. Darin werden Emotionen übermittelt, die in ihrer Feinheit durch Sprachäußerungen nur unzureichend wiedergegeben werden können.
Kommunikation ist also weit mehr als Sprechen. Kommunikation ist ein vielschichtiges Gefüge, das bewusst eingesetzt werden kann, um Gesprächspartner des

Abbildung 26: Die Nachricht kommt an

Lkw-Fahrers, also Kunden, Polizei, Chef, Kollegen usw., zu überzeugen, zu beschwichtigen oder zu einer Einigung zu bewegen.

Nonverbale Kommunikation

Um in Verhandlungen oder Diskussionen Erfolg zu erzielen, ist die „nonverbale Kommunikation" ein sehr nützliches Werkzeug, das zumindest in den Grundlagen relativ leicht zu erlernen ist. Unter „nonverbaler Kommunikation" versteht man „Körpersprache", also „Nachrichtenübermittelung ohne Worte".

Abbildung 27: Energiebündel?

Beispiel: Ein Fahrer trifft unverschuldet sehr spät beim Kunden ein, um zu laden. Der Kunde fragt ärgerlich nach dem Grund. Berichtet der Fahrer nun, dass die Verspätung durch einen technischen Defekt verursacht wurde und blickt dem Gegenüber dabei fest in die Augen, so wirkt er glaubhaft und der Kunde wird sich bemühen, den Lkw noch zu beladen. Heftet der Fahrer aber beim Sprechen den Blick auf den Boden oder blickt an seinem Gesprächspartner vorbei, so wirkt das unsicher. Dies erweckt den Eindruck, dass die Unwahrheit gesprochen wird. Unter Umständen zieht der Kunde die Konsequenz und belädt das Fahrzeug an diesem Tag nicht mehr (sofern die Termine es zulassen), um das Verhalten zu bestrafen.

Mimik und Gestik müssen also mit dem Gesagten übereinstimmen, sonst wirkt eine Person unglaubwürdig. Stimmt das gesprochene Wort nicht mit der Körpersprache überein, wird immer dem nonverbalen Signal geglaubt.

Körpersprachliche Signale und Interpretationen

Signal	Interpretation
Blickkontakt mit dem Gegenüber	Interesse / offen für Argumente
Gesprächspartner nicht ansehen	Unsicherheit, Unehrlichkeit, mangelnde Konzentration auf die Sache
Arme und Beine eng nebeneinander	Unsicherheit / Ängstlichkeit
Heben des Zeigefingers	Belehrung / Tadel
Hände auf den Rücken legen	Mir sind die Hände gebunden / möchte mich heraushalten
Daumen und Zeigfinger in Pistolenform auf den Gesprächspartner gerichtet	Sich mit Gewalt durchsetzen wollen
Hochziehen einer Augenbraue	Ungläubiges Staunen, Arroganz, Überheblichkeit
Stirn runzeln	Ungläubiges Staunen, Nachdenken

Abbildung 28: Was bedeutet was? (Nach Enkelmann, Rhetorik Klassik)

AUFGABE/LÖSUNG

Was ist nonverbale Kommunikation?

Sprache ist mehr als die Aneinanderreihung von Worten, um eine Nachricht zu übermitteln! Eine gesprochene Nachricht besteht immer(!) aus vier Anteilen (sog. Vier-Seiten-Modell nach Friedemann Schulz von Thun), die vom Sprechenden (Sender) unbewusst übermittelt und vom Zuhörer (Empfänger) unbewusst verstanden werden:

- Sache: Die eigentliche Nachricht wird übermittelt
- Selbstkundgabe: Der Sprechende teilt etwas über sich mit
- Beziehung: Der Sprechende teilt mit, in welchem Verhältnis er zu seinem Gesprächspartner steht
- Appell: Er will etwas beim Gesprächspartner erreichen

„Mensch Walter, hol endlich Deinen Stapler und lad mir diese verdammte Palette auf, ich muss mit meiner Schrottmühle weiter zum nächsten Kunden!"

Abbildung 29: Analyse eines einfachen Satzes

Äußerung	Ebene	mitgesagt
„Mensch Walter"	Beziehung	Sehr persönlicher Kontakt
„Lad mir die Palette auf"	Sache	Klare Aussage
„Hol endlich Deinen Stapler"	Appell	Bitte schnell erledigen
„Verdammte Palette"	Selbstkundgabe	Ihm ist die Ladung nichts wert
„Mit meiner Schrottmühle"	Selbstkundgabe	Er mag das Fahrzeug nicht, es in schlechtem technischem Zustand
„Ich muss weiter"	Selbstkundgabe	Er steht unter großem Zeitdruck

Bei genauer Betrachtung der gedankenlos hingeworfenen Botschaft erkennt man, dass der Fahrer mehr über sich und seine Firma mitgeteilt hat, als ihm lieb ist. Denn ein kritischer Lagerist oder Kunde könnte dem Satz folgende Zusatzinformationen entnehmen:

1. Der Mann fährt mit einem technisch nicht einwandfreien Fahrzeug. Dies kann unter Umständen zu Verspätungen führen.
2. Die Spedition kann sich eine Reparatur zurzeit nicht leisten bzw. sie arbeitet schlampig und will das Fahrzeug nicht reparieren lassen.
3. Dem Fahrer ist unsere Ware nichts wert. Er wird daher beim Umgang mit der Ware nachlässig sein.
4. Die Fahrer der Firma stehen unter Stress und haben keine Zeit, mit unserer Ware sorgsam umzugehen.

Eine Nachricht sollte daher so formuliert werden, dass auch nebenbei keine Inhalte vermittelt werden, die vom Empfänger negativ interpretiert werden können.

Gesprächspartner und Konflikte

Die vielfältigen Arbeitsbereiche bringen es mit sich, dass Fahrer mit vielen verschiedenen Personen in Kontakt kommen. Oft bergen

Abbildung 30: Schaltstelle Fahrer

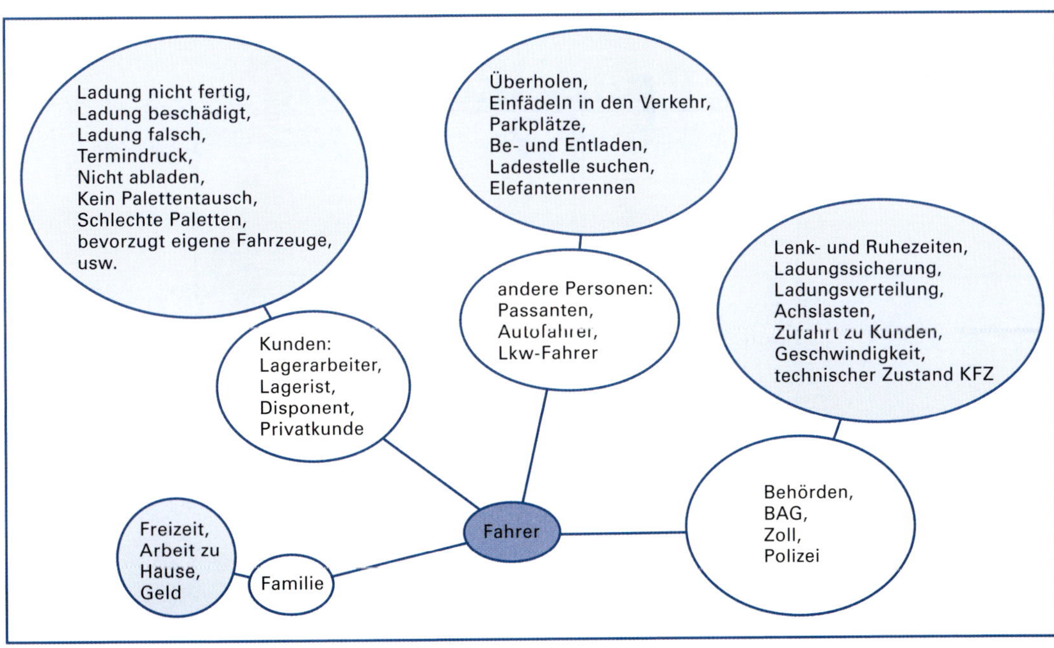

diese Kontakte – wegen der Besonderheiten des Fahreralltags – die Gefahr von Auseinandersetzungen oder Streitereien. Durch richtiges Verhalten, gekonntes Diskutieren, angemessene Kritik oder ganz einfach durch das richtige Wort am richtigen Ort lassen sich Konflikte oft vermeiden oder beilegen.

Konflikte und Kommunikation mit Behörden

Kontakte mit Behörden wie Polizei oder BAG bergen oft ein hohes Konfliktpotenzial, weil sich Fahrer in Kontrollen oft falsch verhalten. Ein typischer Fall ist die klassische Lkw-Kontrolle. Hier thronen viele Fahrer in einer Höhe von 180 Zentimetern in ihrer Kabine und reichen genervt die Tachoscheiben und Papiere nach unten, während der kontrollierende Beamte nach oben blicken muss. Für den Herrn in Uniform ist das eine „erniedrigende" Position. So können sich viele Beamte gezwungen sehen, die Situation durch einen barschen Ton oder kleinliches Kontrollieren zu dominieren. Verhält sich ein Fahrer hingegen kooperativ und begegnet den Beamten auf Augenhöhe, wird der Ton meist schlagartig freundlicher.

Abbildung 31: Verhalten in Polizeikontrollen

Konflikte und Kommunikation mit Kunden

Eine Besonderheit des Fahrerberufs ist sicherlich der Zeitdruck, dem die Männer und Frauen hinter dem Steuer ausgesetzt sind und der oft gravierende Probleme mit Kunden heraufbeschwört.

Oft entstehen Streitereien mit Kunden, weil Ware zur Abholung nicht fertig ist oder wegen unnötig langer Be- und Entladezeiten. Andererseits entstehen auch oft Diskussionen, weil Fahrzeuge verspätet zum Be- oder Entladen eintreffen. In anderen Fällen wiederum kann beschädigte oder fehlende Ware Anlass zu Streitereien geben.

In all diesen Situationen sind die Fähigkeiten des Fahrers gefragt, die Interessen seines Unternehmens engagiert zu vertreten, ohne durch falsche Wortwahl oder falsches Verhalten das Image zu schädigen. Dabei hilft es schon, ein paar einfache Regeln zu befolgen.

Tipps für eine angemessene Diskussion

Besonders unter Zeitdruck und den damit verbundenen Emotionen sollten Fahrer bemüht sein, ihre Erregung zu kontrollieren. Denn ein Streit nutzt niemandem. Sicherlich gibt es immer wieder Situationen, in denen Durchsetzungsvermögen gefragt ist; aber mit hochrotem Kopf beim Lageristen aufzutauchen und rumzuschreien, weil ein anderes Fahrzeug bevorzugt abgefertigt wird, bringt gar nichts. Besser ist es, souverän aufzutreten und ein Gespräch mit dem Lageristen zu suchen. Dann sollten jedoch grundsätzliche Regeln beachtet werden, um die Wahrscheinlichkeit für ein erfolgreiches Gespräch zu erhöhen:

1. Überprüfen Sie Ort und Zeit: Ein Lagerist sollte nicht gerade von anderen Fahrern bedrängt werden.
2. Bauen Sie einen freundlichen Kontakt zum Gegenüber auf. Eine persönliche Frage hilft meist weiter: „Haben Sie immer soviel zu tun?“, ist bei Lageristen ein guter Einstieg!
3. Sprechen Sie den Gesprächspartner mit „Sie“ an. Das kumpelhafte „Du“ lässt Respekt vermissen.
4. Hören Sie „aktiv zu“, wenn der Gesprächspartner etwas erzählt. Er bekommt so das Gefühl, angenommen und verstanden zu werden. Am besten mit dem Kopf nicken, bejahen oder ein „Aha, so ist das!“ einstreuen.
5. Sprechen Sie Ihr Gegenüber mit Namen an. Denn den eigenen Namen hört jeder Mensch gerne.

6. Korrigieren Sie den Gesprächspartner nie direkt. Grundsätzlich gilt: Zuerst danken oder loben, dann widersprechen oder korrigieren.
7. Vermeiden Sie Worte wie „aber“ und „trotzdem“. Diese Worte erzeugen Widerstand. Verwenden Sie Alternativen (jedoch, gleichwohl, immerhin oder „könnte man dies nicht auch anders sehen?“)
8. Bringen Sie das Anliegen vor, ohne anzuklagen. Am besten sprechen Sie in der „Ich-Form“ und drücken Ihre Gefühle aus. Das baut Kontakt auf und macht nachdenklich. Eine „Du-Botschaft“ hingegen wirkt aggressiv, verletzend und erzeugt oft Widerstand.

AUFGABE/LÖSUNG

Was ist „aktives Zuhören?“

- ❑ Dem Gegenüber ins Wort fallen
- ❑ Das Gefühl vermitteln, verstanden zu werden
- ❑ Mit dem Kopf nicken und bejahen

Ich-Botschaften und Du-/Sie-Botschaften

Probleme lassen sich, ohne anklagend zu wirken, am besten mit einer „Ich-Botschaft“ schildern.
„Ich-Botschaft“ an einen Lagermeister: „Ich habe den Eindruck, dass andere Fahrzeuge, die nach mir eingetroffen sind, vor mir an die Rampe dürfen.“
Eine Du-/Sie-Botschaft mit der gleichen Aussage: „Sie bevorzugen dauernd die anderen Fahrzeuge!“ So wirkt die Botschaft anklagend, setzt das Gegenüber unter Rechtfertigungsdruck und erzeugt Aggressionen. Daher sollten in Konflikten immer „Ich-Botschaften“ eingesetzt werden.

Distanzzonen

Für eine erfolgreiche Gesprächsführung ist es aber zudem wichtig, die Intimzone eines Gesprächspartners zu respektieren. Unter Fremden sollte ein Körperabstand von 60 Zentimetern nie unterschritten werden. Dringen „Fremde" in diese intime Zone ein, entsteht ein Unlustgefühl und der Gesprächspartner stellt sich auf Kampf oder Flucht ein.

Abbildung 32: Distanzzone?

Geschäftliche Gespräche lassen sich am besten in einer Entfernung von 1,50 Metern bis 4 Metern zum Gesprächspartner erledigen. Ideal also für Gespräche mit bärbeißigen, unfreundlichen Lageristen, die einen Fahrer ohne mit der Wimper zu zucken über eine Stunde auf eine einzelne Palette warten lassen. Erst wenn man den Gesprächspartner besser kennt, darf man in dessen persönliche Distanzzone eindringen. Diese liegt zwischen 60 und 150 Zentimetern.

Hier einige Beispielsituationen, mit denen Sie „Kommunikationsstrategien" durchdenken können. – Wie würden Sie vorgehen?

1. Nur eine Palette

- Ein Fahrer erreicht das Lager eines Kunden, um eine Palette zu laden. Laut Lagerist soll er mit dem Laden der Palette solange warten, bis zwei hauseigene Sattelzüge komplett geladen wurden. Eines der Fahrzeuge hat bereits an der einzigen Rampe angedockt, das Laden hat aber noch nicht begonnen. (Personen: Fahrer, Lagerist, im Verlauf der Diskussion kommt einer der Lkw-Fahrer der hauseigenen Sattelzüge hinzu)

2. Die Nachnahme

- Ein Fahrer hat drei Paletten mit Brennholz bei einem Privatkunden abgeladen und will nun wie vereinbart die Nachnahmezahlung in Höhe von 200 Euro kassieren. Der Kunde hat aber kein Geld. Der Fahrer bespricht nun mit dem Kunden die Alternativen und versucht ihn zu bewegen, sich in der Nachbarschaft Geld zu leihen. (Personen: Fahrer und Kunde)

3. **Der Ladungsschaden**
   - Ein Fahrer soll eine Komplettladung mit Olivenölflaschen übernehmen. Während des Ladens entdeckt er, dass auf mehreren Paletten einige Kartons stark verölt sind. Er reklamiert beim Lageristen. Der weigert sich aber eine Schadensmeldung zu unterschreiben. In der eigenen Firma kann der Fahrer niemanden erreichen, da in Deutschland Feiertag ist. Die Ladung muss aber am folgenden Nachmittag zugestellt werden. Der Fahrer versucht den Lageristen umzustimmen und sucht gleichzeitig nach Alternativen. (Personen: Fahrer und Lagerist, später kann noch ein weiterer Fahrer – als Zeuge – herangezogen werden)

2.5 Die Qualität des Fahrers

- Sie erkennen, wie wichtig hochwertig arbeitende Fahrer für ein Unternehmen sind und
- welche Möglichkeiten sich im Arbeitsalltag eines Fahrers ergeben, die eigene Arbeitsqualität zu optimieren

Allgemein

Das Laderaumangebot auf dem internationalen Transportmarkt hat sich in den vergangenen Jahren deutlich erhöht. Die Folge ist ein sehr hoher Wettbewerbs- und Preisdruck. Deutschland ist davon innerhalb Europas durch seine geographische Lage und sein hohes Lohnniveau besonders stark betroffen. Als Folge sind in den letzten Jahren zahlreiche Insolvenzen deutscher Transport- und Speditionsunternehmen zu beobachten. Heute können nur die Firmen dauerhaft überleben, die mit hoher Effizienz wirtschaften. Dabei spielen effizient, kostenbewusst und motiviert arbeitende Fahrer für den Erfolg eines Unternehmens eine entscheidende (!) Rolle, weil sie den Beitrag dazu leisten, dass sich ihr Unternehmen im Wettbewerbs- und Preiskampf auf dem Markt behaupten kann.

Welche Eigenschaften/Qualitäten müssen „gute Fahrer" besitzen?

- Ist derjenige ein guter Fahrer, der im Jahr viele Kilometer zurücklegt? Nein, denn Fahrer, die dabei viele Schäden verursachen, sind keine „guten Fahrer".
- Fährt ein guter Fahrer also unfallfrei? Unfallfreies Fahren ist ein wichtiges Merkmal, aber es gibt noch andere wichtige Punkte: zum Beispiel perfekte Ladungssicherung!
- Also sichert ein „guter Fahrer" seine Ladung perfekt, fährt unfallfrei und legt dabei viele Kilometer zurück? Das klingt schon relativ rund, trifft aber nicht auf alle guten Fahrer zu.
- Dann wären ja unfallfreie, gut sichernde Fernfahrer bessere Fahrer als unfallfreie, gut sichernde Nahverkehrsfahrer. Denn Fernfahrer legen ja mehr Kilometer zurück.
- Ein weiteres wichtiges Leistungsmerkmal ist gepflegtes und freundliches Auftreten beim Kunden.
- Also: viele Kilometer, unfallfrei, gute Ladungssicherung, gepflegtes Aussehen und sehr freundlich. Aber wie passt das ins Gesamtbild, wenn dieser „gute Fahrer" unwirtschaftlich fährt oder zu langsam ist?

Es scheint also nicht möglich zu sein, **den** „guten Lkw-Fahrer" zu beschreiben.

Die vier Qualitätsforderungen an gute Fahrer

Der amerikanische „Qualitäts-Guru" Crosby nennt vier allgemeingültige Eckpfeiler für Qualität. Auf den Fahrerberuf übertragen, können an einen guten Fahrer/Profi **vier Forderungen** gestellt werden:

1. Ein guter Fahrer erfüllt die an ihn gestellten Anforderungen
2. Ein guter Fahrer plant und beugt vor
3. Ein guter Fahrer strebt null Fehler an
4. Ein guter Fahrer minimiert Kosten

1. Forderung: Ein guter Fahrer erfüllt die Anforderungen

Die wohl grundlegendste Forderung an jeden Fahrer lautet, so zu arbeiten, dass seine Arbeit für das Unternehmen gewinnbringend ist. Denn Unternehmer wollen mit dem Unternehmen Gewinn erzielen.

Gleichzeitig müssen Fahrer aber auch den Anforderungen des Gesetzgebers gerecht werden. In Deutschland sind das v.a. EU-Richtlinien, die StVO, StVZO, Sozialgesetze und Verordnungen der Berufsgenossenschaften.

Gute Fahrer zeichnet aus, dass sie beide Seiten in Einklang bringen: die Interessen des Arbeitgebers und die Vorgaben der Behörden. Fahrer sollten auch im eigenen Interesse die eigene Leistungsfähigkeit berücksichtigen, also ausreichend Ruhepausen einlegen und im Krankheitsfall den Dienst hinterm Lenkrad nicht antreten. Dies betrifft auch Anforderungen aus dem persönlichen Umfeld des Fahrers. Nur wer in seiner Freizeit auch den Anforderungen der Familie gerecht wird, ist ein belastbarer und engagierter Arbeitnehmer. Wer mit Familienproblemen belastet hinters Lenkrad klettert, kann nicht 100 Prozent auf die Arbeit konzentriert sein. Dies gefährdet den Erfolg der Arbeit und unter Umständen Dritte.

2. Forderung: Ein guter Fahrer plant und beugt vor

„Qualitätsplanung ist vorbeugen“, sagt der Qualitätsguru Phil Crosby. „Vorbeugen ist besser als heilen“, sagt der Volksmund. Das gilt natürlich auch für Transporte. Qualität lässt sich in allen Phasen eines Transportes erreichen: bei Planung, Umsetzung und Nachbereitung. Die Voraussetzung für einen reibungslosen Ablauf des Transports ist eine gute **Planung**. Die Planung lässt sich in folgende drei Bereiche unterteilen:

1. die persönliche Ausrüstung
2. den Zustand und die Ausrüstung des Fahrzeugs
3. den Ablauf des Transports.

In allen Bereichen können Checklisten zum Einsatz kommen, damit nichts vergessen wird.

Verantwortungsbewusste Fahrer klären vorab noch folgende Fragen:

- Sind alle Fahrzeugpapiere, Genehmigungen, Dokumente, Tankkarten usw. vorhanden?
- Entsprechen Fahrzeugzustand und -technik den gesetzlichen Vorgaben?

- Sind ausreichend geeignete Ladungssicherungsmittel vorhanden?
- Ist der Transportauftrag mit den gesetzlichen Vorschriften vereinbar? (Lenk- und Ruhezeiten, maximales Gesamtgewicht, Ladungsverteilung, Witterungsbedingungen usw.)
- Wird der Transportauftrag durch Vorgaben des Kunden (Öffnungszeiten, Kranentladung, Anforderungen im Werk etc.) beeinflusst?
- Wo können Pausen und Ruhezeiten eingelegt werden? (Stichwort: überfüllte Lkw-Parkplätze)
- Welches ist die kostengünstigste Strecke und wo kann kostengünstig getankt werden?

AUFGABE/LÖSUNG

Welche Bereiche müssen bei der Planung berücksichtigt werden?

- ❑ Reifen, Lenk- und Ruhezeiten, Freizeit
- ❑ Persönliche Ausrüstung und Fahrzeugzustand
- ❑ Persönliche Ausrüstung, Fahrzeugausrüstung und Zustand, Transportablauf

Die Fähigkeit, weit vorauszuplanen, zeichnet „gute Fahrer" aus. Dies kann aber nur in **Kooperation mit der Disposition** geschehen. Fahrer sollten sich frühzeitig über bevorstehende Ladeaufträge oder Änderungen informieren. Dazu gehören:

- Genaue Adressen mit Postleitzahl und Hausnummer
- Art der Ware (Länge, Breite, Höhe, Gewicht, Verpackungsart)
- Weitere Ladungen
- Reihenfolge der Entladung

Verläuft ein Auftrag reibungslos, ist das auch ein Beweis für die Qualität des Fahrers!

Kommunikation ist ein wesentlicher Teil der Transportplanung. Besonders wichtig ist der Informationsfluss zwischen Fahrer und Disposition bei Teilladungen. Wie sich mangelnder Austausch auswirken kann, zeigt Abb. 33, wo ganz zum Schluss offenbar ein schweres Teil geladen werden musste. Hier hätte der Fahrer den Disponenten informieren müssen, dass der Ladeauftrag nicht in dieser Reihenfolge durchgeführt werden kann.

Abbildung 33: Folge mangelnder Kommunikation Quelle: Reiner Rosenfeld

3. Forderung: Ein guter Fahrer strebt null Fehler an

Null Fehler bei der Arbeit – ist das möglich? Lebenslang wahrscheinlich nicht, aber sie sollten angestrebt werden, um die Arbeitsqualität zu optimieren.

Vorteile für den Fahrer:

- reibungsloser und damit stressfreier Arbeitstag
- sicheres Einkommen und sicherer Arbeitsplatz
- keine Verletzungen
- kein Ärger mit der Polizei oder den Behörden

Null Fehler lassen sich nur aktiv erreichen!

- Verwenden Sie Schutzausrüstungen (Handschuhe, Sicherheitsschuhe, Warnweste, Helm usw.)
- Beugen Sie Verletzungen vor (keine Sprünge von der Ladefläche, sichern Sie Leitern gegen Wegrutschen)
- Sorgen Sie für ein verkehrssicheres Fahrzeug
- Fahren Sie nur mit Einweiser rückwärts
- Halten Sie die Lenk-, Ruhe- und Arbeitszeiten ein
- Berechnen Sie Ladungssicherungsmaßnahmen (nicht nur schätzen)

- Laufen Sie nach dem Be-/Entladen noch einmal um das Fahrzeug herum. Kontrollieren Sie dabei, dass nichts vergessen wurde (z.B. Ladungssicherungsausrüstung, Leitern o.Ä.)
- Füllen Sie Ladepapiere gewissenhaft aus
- Gehen Sie sorgfältig mit Ware um

Null Fehler – Vorteile für das Unternehmen

- führen zur Zufriedenheit der Kunden
- schaffen und festigen den guten Ruf des Unternehmens
- vermeiden Probleme mit Polizei, BAG und dem Gewerbeaufsichtsamt
- senken die Kosten für Versicherungen
- vermeiden Ausfallzeiten von Fahrern und Fahrzeugen

Abbildung 34+35
Weit entfernt von null Fehlern
Quelle: Reiner Rosenfeld

AUFGABE/LÖSUNG

Welche Mängel erkennen Sie auf den oberen Abbildungen? Wie würden Sie das Null-Fehler-Prinzip umsetzen?

Mit null Fehlern werden auch Rechtsstreitigkeiten mit Behörden und Kunden vermieden. Oft entstehen so auch existenzbedrohende Folgekosten, z.B. durch Anwalts- und Gerichtskosten, den Verlust von Aufträgen wichtiger Kunden, die Einbehaltung von Zahlungen für bereits erbrachte Transportleistungen bis zur rechtlichen Klärung, die Beschlagnahme oder Stilllegung von Ware oder Fahrzeug durch Zoll, Polizei oder BAG, die Übernahme von Kosten für Schäden an transportierter Ware, die Übernahme von Kosten für nicht termingerecht gelieferte Ware.

Wer einen Transport perfekt nachbereitet, legt die Grundlage für den nächsten reibungslosen Transport:

- Überprüfen und ggf. Austauschen beschädigter Ladungssicherungsmittel (Gurte, Ketten, Böcke usw.)
- Auffüllen des Palettenkastens
- Reinigung der Ladefläche
- Reparatur von Plane und Aufbau der Ladeeinheit
- Reifenwechseln und andere Wartungsarbeiten
- Fahrzeugwäsche usw.

4. Forderung: Ein guter Fahrer minimiert Kosten

Gute Planung und null Fehler vermeiden unnötige Kosten, aber der Profi kann durch die Perfektionierung von Arbeitsabläufen auch die Kosten weiter minimieren, z. B. durch geringen Treibstoffverbrauch, schnelle, präzise Erledigung der Arbeit, verantwortungsbewusstem Umgang mit Lasi-Material und perfekte Fahrzeugwartung.

Kostenminimierung am Beispiel Betankungen

Erfahrene Fahrer berücksichtigen nicht nur die billigste Tankmöglichkeit. Sie überprüfen zudem, ob es abhängig von Streckenlänge, aktueller Ladung und Folgeladungen zweckmäßig sein kann, den Tank nur teilweise zu befüllen. Teilbetankungen können sinnvoll sein, weil zuviel getankter Diesel das maximale Ladungsgewicht verringert, zur Überschreitung maximaler Achslasten führen kann (Antriebsachse bei Zugfahrzeugen) und den Dieselverbrauch unnötig erhöht (Ballast).

Fazit

Es lohnt sich, im eigenen Interesse daran zu arbeiten, die Qualität als Fahrer permanent auf höchstem Niveau zu halten: Mehr Geld bekommen nur die guten Fahrer, die schlechten werden billig eingekauft.

3 Schleusung illegaler Einwanderer

Sie lernen Hintergründe und Folgen illegaler Schleusung sowie vorbeugende Maßnahmen gegen illegale Passagiere kennen.

Allgemein

Ein Dach über dem Kopf, ein funktionierendes Gesundheitssystem und ein Arbeitsplatz, der das Auskommen sichert, ist für die meisten Bürger Europas Normalität. Bei Millionen Menschen in anderen Teilen der Welt aber bestimmen politische Instabilität, Krieg, Hungersnöte, Arbeitslosigkeit und Vertreibung den Alltag. So ist es verständlich, dass viele von ihnen versuchen, nach Europa zu kommen, um hier an Sicherheit und Wohlstand teilzuhaben. Europa aber kann die Massen derjenigen, die hier leben wollen, nicht aufnehmen, ohne die eigene wirtschaftliche und politische Stabilität zu gefährden. Um die Einwanderungsströme zu begrenzen, hat man **Einwanderungs-, Aufenthaltsgesetze sowie Visazuteilungen** geschaffen. Sie geben jährlich einer großen Zahl ausländischer Einwanderer die Möglichkeit, sich unter gesetzlich klar festgelegten Bedingungen in europäischen Ländern aufzuhalten, niederzulassen, Arbeit zu finden und ein neues Leben aufzubauen.

Menschen, die mit gesetzlichen Mitteln keinen Einlass finden, drängen jedoch auf anderen Wegen nach Europa. Sie versuchen mit Schiffen unerkannt an Europas Küsten zu landen, zu Fuß oder in Fahrzeugen heimlich Grenzen zu überwinden oder in Fahrgestellschächten von Flugzeugen europäischen Boden zu erreichen. Einreise und Aufenthalt erfolgen unter diesen Bedingungen jedoch gesetzeswidrig.

3.1 Das Schengener Abkommen

Geregelt wird die Einreise und Reisefreiheit innerhalb Europas weitgehend durch das Schengener Abkommen. Das Abkommen wird in 25 Ländern Europas angewandt. Dies sind:

- 22 der 27 Mitgliedsländer der Europäischen Union (EU)
- Nicht-EU-Staaten wie Island, Norwegen und die Schweiz

Von den EU-Ländern nehmen Großbritannien und Irland nur eingeschränkt am Schengener Abkommen teil. Rumänien, Bulgarien, Zypern werden dem Abkommen später beitreten.

Die Staaten des Schengener Abkommens verzichten an gemeinsamen Grenzen auf Personenkontrollen. Die Kontrollen an den Außengrenzen zu Drittländern bleiben aber bestehen. Einreise und Aufenthalt im Schengen-Raum ist Personen aus Drittländern nur erlaubt mit einem drei Monate gültigen Visum, das durch Mitgliedsländer ausgestellt werden kann.

- **Innerstaatliche Zoll- und Polizeikontrollen** erfolgen in Deutschland durch **Bundespolizei und Zoll**.
- **Schutz der EU-Außengrenzen** erfolgt durch die 2005 gegründete europäische **Grenzschutzagentur Frontex**. Sie koordiniert Aktionen, bildet Beamte der Mitgliedsländer aus und unterstützt sie an Schwerpunkten der Grenzsicherung. Notwendig wurde die Bildung von Frontex, weil immer mehr illegale Einwanderer aus Afrika, Asien und Russland in die EU-Länder drängen.

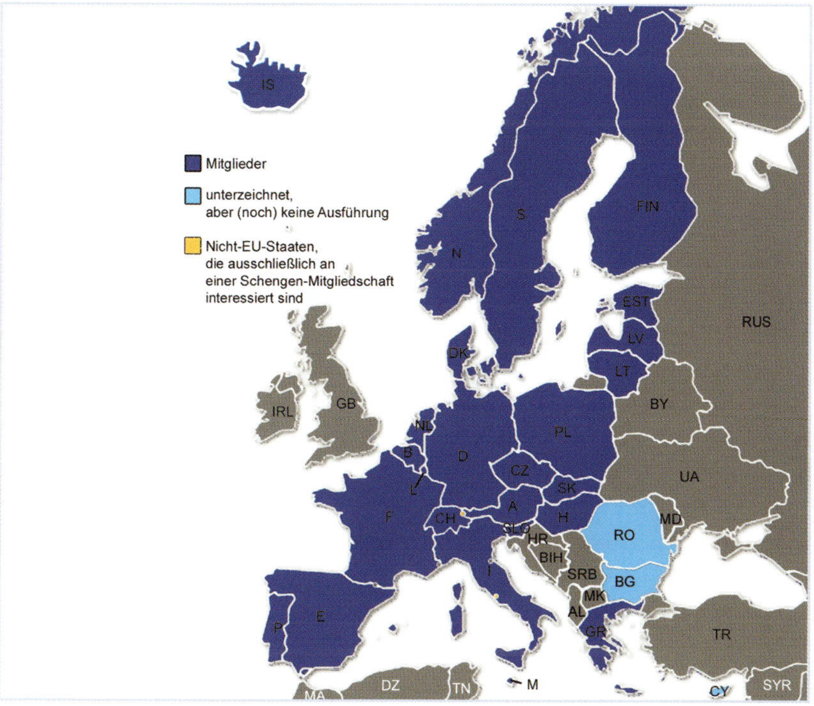

Abbildung 36: Der Schengen-Raum

International operierende Schleuserbanden organisieren dabei die illegale Einreise nach Europa. Sie transportieren die Menschen gegen Bezahlung unter oft lebensgefährlichen Bedingungen in das Land ihrer Wahl.

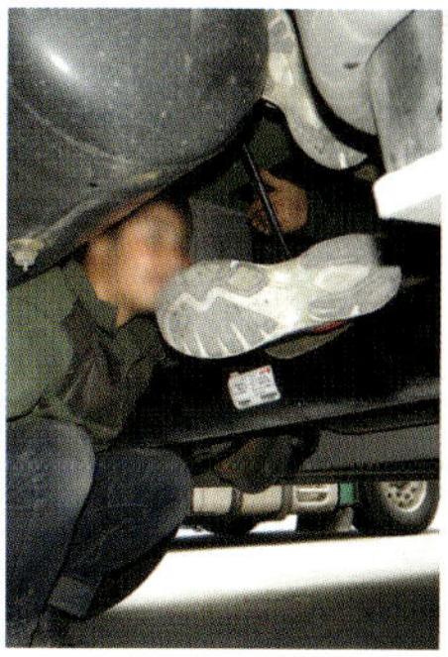

Abbildung 37: Migrant versteckt sich unter einem Lkw.
Quelle: Reiner Rosenfeld

Schleusungen geschehen

- **mit Wissen von Lkw-Fahrern.** Diese lassen sich dafür bezahlen, illegale Migranten – versteckt in ihrem Lkw – nach Europa zu bringen oder durch Europa zu transportieren.

- **ohne Wissen von Lkw-Fahrern.** In solchen Fällen verstecken Schleuserbanden Migranten auf der Ladefläche, zwischen Ladungsteilen, in Stauräumen wie Palettenkästen oder in kleinen Hohlräumen des Fahrzeuges. Oder Migranten, die Schleuser nicht (mehr) bezahlen können, verstecken sich auf eigene Faust auf, in oder unter Fahrzeugen.

3.2 Staatliche Maßnahmen gegen Schleusung

Illegale Einwanderer, die in Lkw versteckt nach Europa wollen oder durch Europa reisen, sind keine Seltenheit. Mit riesigen Röntgenscannern, CO_2-Sonden, Herzschlagdetektoren und Spürhunden werden deswegen täglich Tausende Lastwagen von speziell ausgebildeten Beamten und Sicherheitspersonal nach illegalen Passagieren durchsucht. Dies geschieht sowohl an den Außengrenzen des Schengen-Raumes, als auch an verkehrstechnischen Nadelöhren, wie internationalen Fährhäfen und an europäischen Transitrouten.

Abbildung 38: Heartbeat-Contol Quelle: Reiner Rosenfeld

Hotspots, an denen Lkw-Fahrer unfreiwillig in Kontakt mit Migranten kommen, können sein:

...innerhalb Europas :

- Die griechischen Häfen Patras und Igoumenitsa mit ihren Fährverbindungen nach Italien
- Sämtliche Häfen der französischen und belgischen Atlantikküste mit Fährbetrieb nach England (besonders Le Havre, Calais, Dunkerque und Ostende)
- Der Eurotunnel zwischen Frankreich und England

...außerhalb Europas:

- Die marokkanische Hafenstadt Tanger durch ihre Fährverbindung mit Europa

Auf den Zufahrten zu und in den genannten Einrichtungen müssen Lkw-Fahrer jederzeit damit rechnen, dass sich Migranten im, auf oder unter dem Fahrzeug verstecken oder versteckt werden.

Abbildung 39: Migranten stürmen Lkw in Patras
Quelle: Reiner Rosenfeld

Werden illegale Einwanderer in Lastwagen entdeckt, kann das für Fahrer und Fahrzeughalter (auch wenn dies ohne deren Wissen geschieht), extreme Folgen haben, z. B.:

- Monatelange Beschlagnahmung des Fahrzeuges als Beweismittel, bis zum Totalverlust durch Veräußerung oder Zerstörung durch die Behörden
- Geld- oder Gefängnisstrafen sowie Kautions- und Anwaltskosten für Fahrer und u.U. Unternehmer
- Zudem werden oft sehr hohe Summen fällig für die Verwahrung von beschlagnahmten Fahrzeugen

So gehen einzelne Länder exemplarisch in Fällen von Menschenschmuggel gegen Fahrer vor:

- In England werden mindestens Strafen von 2000 englischen Pfund (rund 2500 €) pro geschmuggeltem Passagier ausgesprochen
- In Griechenland werden Fahrer generell in Haft genommen und wegen Menschenschmuggels angeklagt. Anwalts- und Kautionskosten können sich hier schnell auf 3000 bis 5000 € summieren. Die Verfahren schleppen sich oft über Jahre.
- In Italien werden Fahrer immer wieder zu langjährigen Haftstrafen verurteilt.

Strafen in Deutschland

Auch die deutschen Gesetze sehen hohe Strafen für Täter vor, die Personen beim illegalen Aufenthalt oder bei der Einreise behilflich sind. Grundlage ist **§ 96 des Aufenthaltsgesetzes**. Es wird mit **Geldstrafe oder Freiheitsstrafe von bis zu fünf Jahren** bestraft, wer u. a. Personen dabei hilft,

- illegal in Staaten der Europäischen Union oder eines Schengen-Staates einzureisen oder
- sich illegal dort aufzuhalten,

wenn man u. a. dadurch

- einen Vorteil erhält oder sich versprechen lässt oder
- wiederholt oder zugunsten von mehreren Ausländern handelt.

Mit Freiheitsstrafe von sechs Monaten bis zu zehn Jahren wird bestraft, wer u. a. in solchen Fällen

- gewerbsmäßig handelt
- als Mitglied einer Bande handelt, die sich zur fortgesetzten Begehung solcher Taten verbunden hat
- den Geschleusten einer das Leben gefährdenden, unmenschlichen oder erniedrigenden Behandlung oder der Gefahr einer schweren Gesundheitsschädigung aussetzt.

Wichtig ist: Sowohl der Versuch ist strafbar als auch der bloße Weitertransport von „Illegalen".

3.3 Blinde Passagiere auf der Ladefläche

Rund 70.000 illegale Einreisen auf dem Landweg wurden im Jahr 2011 in allen EU-Staaten zusammen offiziell registriert (Quelle: Annual Risk Analysis 2012, Frontex). Je nach Route, Streckenabschnitt und „Komfort" müssen illegale Einwanderer dabei zwischen 2.000 und 20.000 Euro für die Hilfe krimineller Schleuser bezahlen.

Organisiert werden die Schleusungen durch gut organisierte und vernetzte Banden. Wer viel zahlt, bekommt die Garantie, das Land seiner Wünsche zu erreichen, wo Kleidung, Unterkunft und Job auf ihn warten. Wer aber nur wenig zahlen kann, strandet irgendwo in Europa und muss dann sehen, wie er alleine weiterkommt. Ohne Papiere und Geld in einem fremden Land gibt es dann oft nur noch diese Möglichkeit: sich auf einem Lkw zu verstecken oder sich an die Achsen zu klammern, ohne dass es der Fahrer bemerkt, und hoffen, dass einen der Lkw dem Ziel ein Stück näher bringt.

Solche Fälle sind in Deutschland oder Europa keinesfalls selten:

- **März 2011**: Zwei Tunesier schmuggeln sich auf einen Sattelschlepper, der auf dem Brenner zwischen Italien und Österreich einen Zwischenstopp einlegt. Entdeckt werden die beiden blinden Passagiere erst beim Abladen am Zielort in Deutschland.
- **Oktober 2011**: Während einer Reparatur in einer deutschen Werkstatt werden sechs blinde Passagiere auf einem verplombten Planenzug entdeckt. Die Männer hatten irgendwo auf der Strecke zwischen Serbien und Deutschland einen Schnitt in die Plane gemacht und waren auf die Ladefläche geklettert.
- **Juli 2012**: Ein dänischer Fahrer entdeckt auf der Fähre von Puttgarden nach Rødbyhaven zwei Marokkaner auf den Achsen seines Lastwagens. Die beiden hatten sich unter einem anderen Lkw an Bord der Fähre geschmuggelt und sich dort als neues Versteck den dänischen Lkw ausgesucht.

Dies zeigt: Jeder Lkw-Fahrer kann jederzeit an jedem Ort Europas, ohne es zu wissen, mit illegalen Migranten auf oder unter dem Lkw unterwegs sein, nicht nur an den sog. Hotspots. Auch wenn hier die Wahrscheinlichkeit besonders hoch ist. Dies betrifft auch den Nahverkehr: Man denke nur an Container oder Wechselbrücken aus dem Ausland, die zum Entladen aufgenommen werden. Auch hier werden immer wieder blinde Passagiere entdeckt.

Achtung: Illegale gehen oft (!) irrwitzige Risiken ein. Das Risiko zu ersticken, zu erfrieren, sich schwere Verbrennungen oder Verletzungen bis hin zum Tod zuzuziehen wird in Kauf genommen. Rechnen Sie als Fahrer mit dem Unmöglichen:

- Illegal Reisende nutzen selbst winzigste Spalten zwischen Kabine und Motor, um sich zu verstecken.
- Sie klettern in Silo- oder Tankfahrzeuge, die danach wieder außen von Helfern luftdicht verriegelt werden, und in Kofferaufbauten, speziell in Kühlfahrzeugen.

Wie kommen die illegalen Passagiere auf den Lkw?

Sie können

- sich beim Beladen im Laderaum **verstecken** oder **versteckt werden**: in präparierten Warenpaletten; unter Ladungsteilen, wobei Paletten abgepackt, Hohlräume gebaut und überstapelt werden.
- während kurzer oder langer Stopps auf die Ladefläche klettern, sich in Paletten-, Stau- oder Werkzeugkästen oder hinter Dachspoilern verstecken oder sich unter dem Fahrzeug zum Beispiel auf den Achsen verbergen.
- bei geringer Geschwindigkeit „aufspringen".

Selbst mit professionellen zusätzlichen Verschlüssen (spanische Klammer, Vorhängeschlösser, Plomben) können Personen eindringen:

- durch das Öffnen der Plombe und Wiederverschließen der Plombe durch eine weitere Person.
- durch das Durchtrennen der Zoll-/Planenschnur. Danach wird sie von einer weiteren Person wieder zusammengeklebt.
- durch das Zerschneiden der Seitenplane. Anschließend wird der Schnitt von innen provisorisch verschlossen.
- durch das Zerschneiden der Dachplane. Um sich zwischen Ladung und Dachplane zu verstecken, reicht ein Spalt von weniger als 30 Zentimetern. Anschließend wird der Schnitt von innen provisorisch verschlossen.

Welche Maßnahmen kann man dagegen ergreifen?

1. Bei der Beladung
   - Reparieren Sie neu entstandene Risse in der Plane und auf dem Dach. Notieren Sie die Gesamtzahl der Reparaturen an der Plane in einem Heft und bewahren Sie dieses Heft auf.
   - Prüfen Sie vor dem Beladen, ob alle Sicherungseinrichtungen des Laderaums intakt sind.
   - Zoll-/Planenschnüre verwenden; diese müssen unbeschädigt und straff gespannt sein sowie durch alle Ösen geführt werden.
   - Laden Sie kompakt ohne Zwischenräume oder so, dass Zwischenräume eingesehen werden können.
   - Stellen Sie sicher, dass sich während oder nach der Beladung keine Unbefugten Zugang zum Fahrzeug verschaffen können.
   - Dürfen Sie bei der Beladung nicht anwesend sein, lassen Sie sich eine Bestätigung des Absenders geben, dass die notwendigen Sicherheitsvorkehrungen getroffen wurden und sich keine unberechtigten Personen auf dem Fahrzeug befinden.
   - Seien Sie anwesend, wenn das Fahrzeug verschlossen und verplombt wird. Überprüfen Sie, ob Schlösser, Plomben, Plane und die Zoll-/Planenschnur korrekt verschlossen werden.
   - Verschließen Sie alle Stau-, Werkzeug- oder Palettenkästen mit nummerierten Schlössern.
   - Verwenden Sie zum Verplomben der Ladefläche (Werksverplombung) nur nummerierte Plomben und notieren Sie die Plombennummern auf den Ladepapieren.
   - Wenn Sie ohne Plombe oder Schloss an der Ladefläche unterwegs sind, dann klemmen Sie beim Schließen der Tür einen kleinen Faden oder einen Schnipsel Papier an einer unauffälligen Stelle so ein, dass er beim Öffnen der Tür herunterfallen muss. So haben Sie zumindest einen Hinweis, ob die Tür ohne Ihr Wissen geöffnet wurde.

2. Unterwegs

Überprüfen Sie nach jedem Halt

- Plomben und Schlösser auf Manipulation sowie die Wagenplane und den Bereich des Dachspoilers.
- das Fahrzeug auch auf der Unterseite, im Bereich von Paletten- und Staukästen, Achsen, Reserverädern usw.

Führen Sie diese Überprüfungen speziell in Belgien und Frankreich auch dann durch, wenn Sie Ihr Fahrzeug während der Pause nicht (!) unbeaufsichtigt gelassen haben. Illegale können auch dann auf oder unter das Fahrzeug klettern, während Sie vorne in der Kabine Ihre Pause machen.

Überprüfen Sie regelmäßig

- die Wagenplane auf der Oberseite (ausreichend lange Leiter).
- die Zoll-/Planenschnur, auch auf der Vorderseite, also an der dem Zugfahrzeug zugewandten Seite.
- Führen Sie eine Checkliste, in der Sie alle Stopps und Überprüfungen vermerken, um Ihre Sorgfaltspflicht zu dokumentieren und nachvollziehbar zu machen.
- beim Verlassen des Fahrzeugs, ob Sie Fenster und Fahrzeugtüren geschlossen/verschlossen haben.

Achten Sie generell auf andere „verräterische" Details, z. B. Geräusche, Gerüche (oft entstehen Ausdünstungen durch den langen Aufenthalt).

3. Speziell bei Fährüberfahrten (s. Hotspots S. 64) und Fahrten nach Großbritannien

- Planen Sie Stopps und Ruhezeiten – so weit möglich – mehrere Stunden vom Hafen entfernt ein.
- Führen Sie vor der Einfahrt in den Hafen die o.g. Kontrollen besonders gewissenhaft durch. Informieren Sie ggf. Behörden oder Hafenverantwortliche.
- Führen Sie die gleichen Kontrollen vor Verlassen der Fähre durch. Denn Illegale können sich auch während der Überfahrt verstecken. Sollten Sie Verdächtiges feststellen, dann informieren Sie die Crew. Verlassen Sie die Fähre nicht, bevor die Crew die blinden Passagiere übernommen haben.

Medienverweis →
Vom deutschen Auswärtigen Amt empfohlene Vorsichtsmaßnahmen in den griechischen Fährhäfen Patras und Igoumenitsa:
http://www.auswaertiges-amt.de/DE/Laenderinformationen/00-SiHi/GriechenlandSicherheit.html/

Achtung! Entdecken oder vermuten Sie unbekannte Personen an Bord Ihres Fahrzeuges, dann informieren Sie die Behörden. Lassen Sie die Migranten nicht „einfach laufen". Sonst besteht die Gefahr, dass Sie wegen Menschenschmuggels angeklagt werden.
Schleusung ist kein Kavaliersdelikt! Sollten Kriminelle versuchen, Sie als Schleuser anzuwerben, dann melden Sie dies umgehend der Polizei. Sie können damit wertvolle Hilfe leisten. Wer sich als Schleuser anwerben lässt, gerät in den Dunstkreis des organisierten Verbrechens und riskiert hohe Haftstrafen.

Im **Englandverkehr** sind Transportunternehmen gut beraten, die Vorgaben des britischen Innenministeriums, **den Code of Practice,** einzuhalten. Darin werden Verhaltensregeln aufgestellt, wie Fahrer und Transportunternehmen sich vor dem Eindringen von illegalen Migranten schützen können. Wer sich daran hält, kann den harten Strafen (s. S. 57) entgehen. Eine beanstandungsfreie CO_2- oder Heartbeat-Kontrolle an der Einfahrt in den Hafen reicht nicht aus.
Hilfreich sind auch hier Checklisten. Fragen Sie Ihren Chef danach. Vorlagen für Checklisten und Informationen zum Code of Practice in deutscher Sprache mit Verhaltensvorgaben für den Fahrer, Fahrzeugsicherheits-Checkliste und Versenderzertifikat kann man z. B. als Mitglied beim Bundesverband Güterkraftverkehr, Logistik und Entsorgung (BGL) anfordern.
Vermuten Sie eine unbefugte Person an Bord Ihres Lastwagens, dann setzen Sie sich mit dem britischen Einwanderungsdienst in Verbindung unter 0044(0)1304210897.

4 Diebstahl und Kriminalität

Sie lernen Gefahren kennen, die von Kriminellen für Fahrer, Fahrzeug und Ladung ausgehen, sowie präventive Maßnahmen und Maßnahmen des Selbstschutzes.

4.1 Damit müssen Sie in Europa rechnen …

Vom Dieseldiebstahl über Ladungs- oder Fahrzeugteile-Klau bis hin zur Lkw-Entführung samt Fahrer: Kriminalität rund um den Lastwagen kann jeden Fahrer betreffen. Statistisch wird einer von sechs Fahrern innerhalb von fünf Jahren Opfer eines gewalttätigen Überfalls (Quelle: IRU). Der Schaden, der durch Transportkriminalität, also Ladungsdiebstähle, jährlich in der EU entsteht, beläuft sich inkl. Folgekosten auf 8,2 Milliarden Euro. In Deutschland sind es 1,53 Milliarden. Besonders häufig ereignen sich Delikte in England, Frankreich, den BeNeLux-Staaten, Rumänien, Polen, Ungarn und Spanien. Aber auch in Deutschland sind Überfälle und Diebstähle ein brisantes Thema. Immer häufiger warnen an Parkplätzen Schilder vor Übergriffen. Zunehmend war auch Kurier-, Express- oder Paketdienstfahrer überfallen, ausgeraubt und bestohlen.

Hier einige Methoden, wie Kriminelle ihre Taten vorbereiten und durchführen (Ladungsklau, Überfälle auf Fahrer, Treibstoff- und Fahrzeugdiebstahl):

- Planenschlitzer (Ladungsdiebe) erkunden, was Sie geladen haben.
- Tramper, Prostituierte, Firmenmitarbeiter und andere Fahrer sammeln in Gesprächen oder durch Beobachtungen Informationen über Ladungen, Strecken, Zielorte und Zwischenstopps. Diese werden an Kriminelle weitergeleitet.

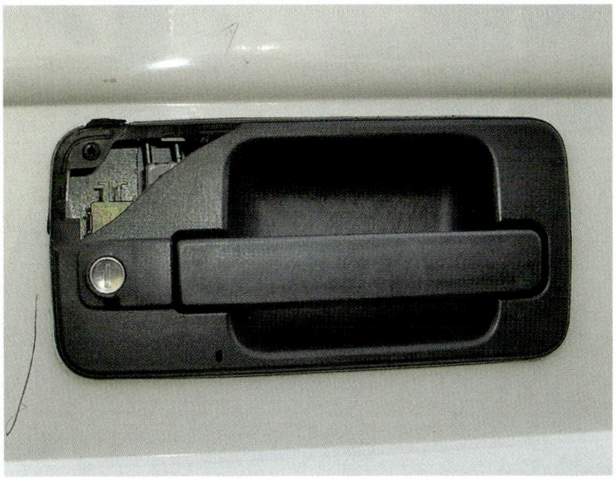

Abbildung 40: Plane geschlitzt Quelle: Reiner Rosenfeld

Abbildung 41: Aufgebrochenes Schloss Quelle: Reiner Rosenfeld

- Überfälle erfolgen auf offener Strecke durch falsche Polizisten, Umleitungen, Vortäuschen von Unfällen, Hilfeersuchen, etc.
- Fahrzeuge werden durch falsche Firmenmitarbeiter, falsche Anrufe, etc. an einen anderen Zielort umgeleitet.
- Diebe dringen während (!) der Fahrt durch die Hecktüren in den Laderaum ein.
- Diebe dringen in Fahrzeugkabinen ein und entwenden Wertgegenstände oder machen heimlich Kopien von Tank- oder Kreditkarten oder sammeln Informationen zur Ladung.
- Es erfolgen Angriffe mit Betäubungsgas, um an Geld, Papiere und Wertgegenstände zu kommen, auch tagsüber.

Die Schlussfolgerungen?

- Übergriffe können **24 Stunden,** an allen denkbaren Orten und in allen denkbaren Situationen geschehen.
- **Gefährdet ist jede Art von Ladung.** In den Netzwerken der Kriminellen finden sich Hehler für alle Warentypen, egal ob es sich um Baumaterial, Autoreifen, Kleidung, Lebensmittel oder Fleisch handelt. Besonders gefährdet sind Fahrzeuge mit hochwertigen Waren, die leicht veräußert werden können, wie z. B. Elektronik (Computer, Handys), Alkoholika, Kosmetika, Tabakwaren und Buntmetall (Kupfer, Schrott).

4.2 Das bietet Schutz für Fahrzeug und Ladung …

Achten Sie prinzipiell darauf

- Geben Sie Schlüssel, Kredit- oder Tankkarten nie in die Hände Dritter, es könnten Kopien erstellt werden.
- Deponieren Sie Schlüssel nie am Fahrzeug in einem vermeintlich sicheren Versteck. Solche Verstecke sind Kriminellen bekannt.
- Lassen Sie Schlüssel nie sichtbar liegen: Keinesfalls darf erkennbar sein, zu welchem Fahrzeug sie gehören.
- Verwahren Sie PIN-Nummern nie in der Nähe der Tank- und Kreditkarten. Keinesfalls darf die PIN darauf vermerkt sein.
- Stellen Sie sicher, dass Wertgegenstände (Handy, Navi, Laptop, TV) von außen nicht gesehen werden können.
- Tragen Sie Geld, Kreditkarten und Fahrzeugpapiere wenn möglich am Körper (z.B. Gürteltasche), wenn Sie das Fahrzeug verlassen – am besten an verschiedenen Stellen.
- Informieren Sie die Polizei, wenn Sie vermuten, dass jemand in Ihrer Kabine war, aber nichts fehlt. Personen könnten Versicherungsscheine oder Ladepapiere kopiert, Blankofrachtbriefe gestohlen oder Kopien Ihrer Tank- und Kreditkarten angefertigt haben. Lassen Sie in diesen Fällen Tank- und Kreditkarten sperren. Wenden Sie sich auch bei verdächtigen Spuren rund um den Lkw an die Polizei.

Maßnahmen beim Transport

- Verschließen Sie Ihr Fahrzeug, selbst wenn Sie es nur wenige Sekunden verlassen (auch Fenster und Schiebedach).
- Planen Sie Ihre Touren so, dass Sie sichere und nachts beleuchtete Parkplätze für Ruhepausen ansteuern können. Abgelegene Parkplätze bergen hohe Risiken für Fahrer, Ladung und Fahrzeug.
- Lassen Sie Ihr Fahrzeug nicht unbeaufsichtigt. Vereinbaren Sie mit anderen Fahrern, gegenseitig aufzupassen. Bei Zweimannbesatzungen muss immer ein Fahrer im Fahrzeug bleiben!

- Verschließen Sie auch während der Fahrt die Türen von innen. Personen können so an langsamen Passagen nicht überraschend zusteigen und Sie bedrohen.
- Sprechen Sie mit niemandem über Ihre Transporte (Ladung, Strecke, Kunden); auch nicht über Funk.
- Lassen Sie Ladepapiere niemals von außen sichtbar im Fahrzeug liegen.
- Nehmen Sie insbesondere keine fremden Personen mit.
- Treffen Sie sämtliche mögliche Sicherungsmaßnahmen nicht nur nachts, sondern auch tagsüber. Verriegeln Sie die Ladefläche, wenn möglich mit einem Extra-Schloss.

Abbildung 42: Extra-Verriegelung Quelle: Reiner Rosenfeld

Seien Sie vorsichtig,

- wenn Sie sich z.B. einem Unfall nähern – denken Sie an die Möglichkeit eines Überfalls.
- bei Hilfsangeboten Fremder und wenn Fahrer Ihnen mitteilen, dass etwas an Ihrem Fahrzeug nicht stimmt. So werden Fahrzeuge auf Überlandstrecken gestoppt.

Folgen Sie keinesfalls Anweisungen von Unbekannten, eine Ladung an einen anderen als den auf den Ladepapieren angegebenen Ort zu bringen. Vergewissern Sie sich über Änderungen des Transportauftrages immer bei Ihnen gut bekannten Personen.
Sollten Sie im Ausland z.B. von Behördenvertretern (Polizei, Zoll) angehalten werden, denen Sie nicht vertrauen, dann vermeiden Sie, Scheiben oder Türen zu öffnen.

PRAXIS-TIPP

Lassen Sie sich von Ihrer Firma für solche Situationen einen Zettel mitgeben, auf dem in unterschiedlichen Sprachen vermerkt ist, dass Sie die Polizisten gerne bis zur nächsten Wache begleiten und dort Überprüfungen vornehmen lassen. Diesen Zettel zeigen Sie durch die geschlossene Scheibe.

Planen Sie Transporte mit hochwertiger Ware, in Rücksprache mit Ihrem Unternehmen, besonders umsichtig. Hier einige ausgewählte Tipps:
Vermeiden Sie Übernachtungsstopps, indem Sie u.U. erst morgens mit voller Lenkzeit starten.
Ist Übernachten nicht zu vermeiden:

- Steuern Sie bewachte Parkplätze an (Liste siehe ESPORG – European Secure Parking Organisation).
- Oder stellen Sie Fahrzeuge mit Kofferaufbau nachts mit der Rückwand gegen andere Lkw, gegen eine Wand, gegen den eigenen Anhänger oder gegen das Zugfahrzeug. Wechselbrücken können sie mit den Türen zur Kabine aufnehmen (Achtung: Ladungssicherung in Fahrtrichtung beachten!).
- Stellen Sie das Fahrzeug so ab, dass Sie es bei unvermeidlichen Pausen im Blick haben.
- Vermeiden Sie bei regelmäßigen Touren mit wertvoller Ladung, die gleichen Strecken mit dem gleichen Rhythmus zu fahren.

Abbildung 43: So kommt keiner rein! Quelle: Reiner Rosenfeld

Thema Dieseldiebstahl

Selbst verschlossene Tankdeckel bieten keinen dauerhaften Schutz. Zu allem entschlossene Dieseldiebe knacken das Schloss, schlauchen über den Rücklauf ab oder bohren den Tank an. Der beste Schutz ist deswegen, vorausschauend zu tanken:

- Nehmen Sie nur so viel Diesel mit auf Tour, wie Sie voraussichtlich benötigen. Es kann günstiger sein, unterwegs nachzutanken, als Hunderte Liter gestohlen zu bekommen.
- Tanken Sie nie vor einer Ruhepause, sondern unmittelbar bevor Sie auf Tour gehen.
- Zwei Fahrzeuge mit je nur einem Tank können sich Tank an Tank stellen. Das erschwert den Zugriff.

Abbildung 44: So kommt keiner an den Tank: Keil zwischen Tanköffnung und abgesenkter Ladefläche Quelle: Reiner Rosenfeld

4.3 Maßnahmen für Ihren persönlichen Schutz

Die vorher genannten Maßnahmen zum Schutz von Ladung und Fahrzeug dienen selbstverständlich auch Ihrer Sicherheit. Zusätzlich sollten Sie aber noch diese Vorkehrungen treffen:

- Hantieren Sie in der Öffentlichkeit nicht mit größeren Geldbeträgen oder Scheckkarten. Zeigen Sie keinen Schmuck oder teure Handys. Sie ziehen sonst die Aufmerksamkeit von Kriminellen auf sich.
- Lassen Sie zusätzliche Schlösser anbringen, mit denen Sie die Kabine von innen extra verriegeln können. Dies verhindert, dass Diebe in die Kabine eindringen, während Sie schlafen.
- Versperren Sie in Pausen Ihr Fahrzeug, auch wenn Sie im Lkw sind.
- Versperren Sie besonders nachts auch Fenster und Luken. Dies verhindert, dass Betäubungsgas in die Kabine geblasen wird.
- Lassen Sie Ihr Fahrzeug mit einem Narkosegas-Alarm ausstatten.
- Verlassen Sie das Fahrzeug nicht, wenn Sie draußen verdächtige Geräusche hören. Sie bringen sich sonst u. U. in Gefahr. Verschaffen Sie sich stattdessen durch Blicke nach außen und in die Seitenspiegel ein Lagebild und informieren Sie ggf. die Polizei über den international gültigen Notruf 110.

Was tun, wenn... Sie tatsächlich bedroht werden?

- Wehren Sie sich nicht und führen Sie keine Waffen mit (dies ist überdies in den meisten europäischen Ländern verboten). Kriminelle gehen sonst noch brutaler vor.
- Machen Sie das, was die Täter von Ihnen verlangen.

- Prägen Sie sich dabei unauffällig Details rund um das Verbrechen ein. (Körperliche Merkmale, Sprache, Anzahl der Personen, Fahrzeuge, Geräusche, Gerüche, Lichtverhältnisse).

Beachten Sie: Ihr Leben und Ihre Gesundheit sind das höchste Gut. Setzen Sie es nicht aufs Spiel, um Taten zu verhindern oder Täter zu stellen.

PRAXIS-TIPP

Informieren Sie auf jeden Fall die Polizei, wenn Sie bestohlen oder überfallen worden sind, unter der Notrufnummer 110. Dies kann helfen, weitere Verbrechen zu verhindern. Zudem ist es wichtig für die Versicherung Ihres Unternehmens. Melden Sie zudem ungewöhnliche Beobachtungen an Behörden, selbst wenn Sie nicht direkt betroffen sind. Dies können sein:

- Verdächtige Personen in der Nähe von oder zwischen Lkw
- Umlade-Aktionen auf kleinere Fahrzeuge
- Verdächtige Kleintransporter oder Sprinter-Fahrzeuge. Notieren Sie sich Autokennzeichen, Fahrzeugtyp und Besonderheiten von Personen.

5 Gesundheitsschäden vorbeugen

Sie sollen fähig sein, Gesundheitsschäden vorbeugen zu können. Dabei sollen Sie die Grundsätze der Ergonomie kennen, insbesondere
- gesundheitsgerechtere Bewegungen und Haltungen
- physische Kondition
- Übungen für Umgang mit Lasten
- individueller Schutz.

Allgemein

Fahrer verbringen den größten Teil ihrer Arbeitszeit im Sitzen. Das hört sich recht gemütlich an, ist es aber nicht. Insbesondere für Muskulatur und Wirbelsäule bedeutet das stundenlange Sitzen große Belastungen. Die Belastungen werden durch die modernen Fahrersitze zwar gemindert, der Fahrer bekommt sie aber dennoch zu spüren. Die Zeichen sind bekannt: Rückenschmerzen, Verspannungen, Müdigkeit etc. Damit das lange Sitzen keine bleibenden Schäden hinterlässt, muss man als Fahrer etwas tun: den Sitz richtig einstellen.
Auch das Heben und Tragen gehört für viele Fahrer zur alltäglichen Arbeit und belastet den Körper. Deshalb muss der Fahrer insbesondere beim Be- und Entladen seines Fahrzeuges auf die richtige Körperhaltung achten. Zusätzlich kann er durch Bewegung körperlichen Ausgleich schaffen.
Mit alledem beschäftigt sich **die Ergonomie**. Sie ist, vereinfacht ausgedrückt, die Wissenschaft von der Gesetzmäßigkeit menschlicher Arbeit und hat „menschengerechtere Arbeitsbedingungen" zum Ziel.

5.1 Belastungen und Beanspruchungen

Im Gegensatz zu den allseits bekannten Tests gibt es keine Auswertungen nach dem Motto: „Wenn Sie mehr als 5-mal «stark» oder «sehr stark» angekreuzt haben, ...".
Denn wie sehr jemand durch eine Belastung tatsächlich beansprucht wird, hängt von vielen Dingen ab: zum Beispiel von

- Dauer und Stärke, mit der die Belastung einwirkt,
- der Möglichkeit, sich zu erholen oder
- individuellen Eigenschaften und Fähigkeiten.

Und außerdem muss eine Belastung nicht automatisch negativ sein: Um z.B. beim Sport einen Trainingseffekt zu erreichen, sind angemessene Belastungen notwendig. Durch sie wird eine Steigerung der körperlichen Leistungsfähigkeit überhaupt erst möglich. Auch im Alltag würden wir uns ohne Herausforderungen nicht wohl fühlen.

Unangenehmen Belastungen ist man nicht machtlos ausgeliefert. Es gibt zwei Strategien, die man am besten miteinander verbindet:

1. **Belastungen reduzieren**
   Das lange Sitzen beispielsweise beansprucht Sie weniger, wenn Sie Ihren Sitz körpergerecht einstellen.

2. **Belastbarkeit erhöhen**
   Rechtzeitige Pausen, eine gesunde Lebensweise, Sport und ein ausreichendes Maß an Erholung können dazu beitragen, die Belastbarkeit zu erhöhen.

5.2 Die Wirbelsäule und „ihre" Bandscheiben

Die Wirbelsäule dient dazu, den Oberkörper zu stützen und dem Menschen die aufrechte Körperhaltung zu ermöglichen. Die meisten Menschen machen sich solange keine Gedanken über die Belastung und den Aufbau der Wirbelsäule, bis es hier „zwickt". So weiß auch kaum jemand, dass das Heben einer Last von 50 kg Masse im Bereich der Lendenwirbel-Bandscheiben eine Kraft verursachen kann, die dem Gewicht eines Kleinwagens entspricht. Da kann man sich leicht verheben!

Aufbau und Funktion

Aber auch ganz banale Tätigkeiten (z. B. längeres Sitzen oder Stehen) belasten Wirbelsäule und Muskulatur. Und wer dabei eine schlechte Haltung einnimmt, verstärkt die Belastung zusätzlich. Um zu verstehen, was im Rücken passiert, muss man etwas über den Aufbau der Wirbelsäule und die Funktion der Bandscheiben wissen: Die Band-

Abbildung 45: Auf die richtige Haltung kommt es an

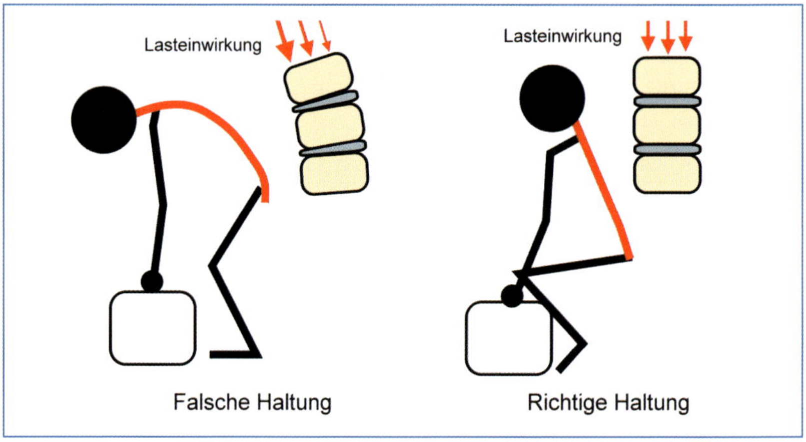

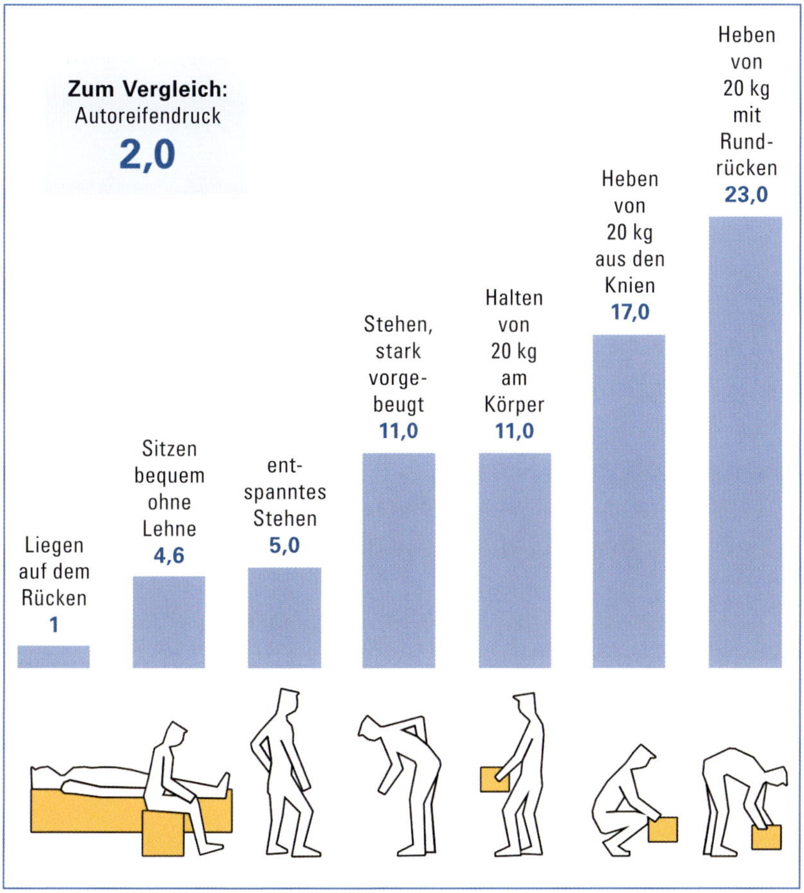

Abbildung 46: Druck auf die Bandscheiben [in bar] bei unterschiedlichen Tätigkeiten

scheiben werden nicht durchblutet. Da sie aber dennoch mit Nährstoffen versorgt werden müssen, erfolgt diese Versorgung allein durch einen Flüssigkeitsaustausch mit der Umgebung. Durch **Belastung** wird verbrauchte Flüssigkeit aus der Bandscheibe herausgedrückt. Bei **Entlastung** (z.B. nachts) dehnt sich die Bandscheibe hingegen mit der Zeit aus: Nährstoffe, Flüssigkeit und Sauerstoff werden aufgenommen. Das heißt, die Bandscheibe funktioniert im Prinzip wie ein Schwamm und benötigt die Bewegung „zum Leben".

Die Bandscheiben selbst sind nicht schmerzempfindlich. Auch bei grober „Misshandlung" melden sie sich erst, wenn Schädigungen bereits eingetreten sind. Häufige Ursache für Rückenbeschwerden sind Verspannungen der Muskulatur.

Heben und Tragen

Wichtigstes Prinzip: Lasten müssen möglichst nah am Körper und mit geradem Rücken gehoben und getragen werden.

Tipps zum richtigen Heben

Beim Heben neigt man dazu, sich zu überschätzen. „Ich mach das mal eben", hört man häufig. Deshalb – soweit es geht:

- So nah wie möglich und frontal an die Last herantreten
- „In die Knie gehen"
- Mit in sich geradem Oberkörper nach vorn beugen
- Die Rumpfmuskulatur anspannen, um den Körper zu stabilisieren
- Die Last gleichmäßig durch Strecken der Hüft-, Knie- und Sprunggelenke anheben

Abbildung 47+48: Beim Bücken und Heben in die Hocke gehen!

Abbildung 49+50: Heben mit geradem Rücken

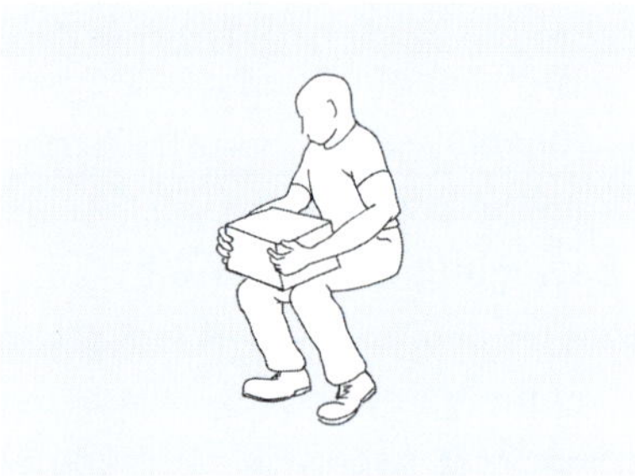

Tipps zum richtigen Tragen

Da die Belastungen der Wirbelsäule beim Tragen ähnlich sind wie beim Heben, gelten hier im weitesten Sinne vergleichbare Regeln:

- Last möglichst nah am Körper tragen
- Den Körper aufrecht halten
- Gewicht symmetrisch verteilen, wenn beidseitig getragen wird
- Abwechselnd links und rechts tragen, wenn einseitig getragen wird
- Nicht ins „Hohlkreuz fallen"

„Rollende Helfer"

Ein Sprichwort sagt: „Lieber schlecht gefahren als gut gegangen". Auch wenn das nicht immer zutreffen mag: Beim Be- und Entladen schont das „Fahren" jedenfalls den Rücken. Der Transport schwerer und sperriger Gegenstände wird z. B. durch Sackkarren, Schiebkarren, Heberoller oder Handhubwagen erleichtert.

Bei der Benutzung von Handhubwagen und anderen handbetätigten Hilfsmitteln ist die Ladung gegen Herabfallen zu sichern. Insbesondere beim Ziehen oder Schieben der handbetätigten Hilfsmittel in der Steigung oder im Gefälle kann es zum Kippen oder Herabfallen der Ladung kommen. Dies gilt auch beim Überfahren von Kanten oder Schwellen. Die Sicherungsmaßnahmen müssen dafür ausreichen.

Es dürfen nur für den Einsatzzweck geeignete, funktionstüchtige und sichere Hilfsmittel zum Be- und Entladen benutzt werden. Werden diese im Laderaum mitgenommen, sind sie gegen Wegrollen, Verrutschen und Umfallen zu sichern.

Es ist verboten, den Handhubwagen z. B. als Roller zu missbrauchen. Beim Be- und Entladen von Fahrzeugen sind Sicherheitsschuhe zu tragen. Dies betrifft somit auch den Umgang mit handbetätigten Hilfsmitteln (z. B. Handhubwagen).

Abbildung 51: Sicherheitsschuhe bei Benutzung von Handhubwagen bieten Schutz

Abbildung 52: Zeichen „Mit Hubwagen rollen verboten"

Noch ein Hinweis für die Benutzung von Gabelstaplern: Gabelstaplerfahrer müssen für diese Aufgabe ausgebildet sein.

Darüber hinaus sind sie vom Unternehmer mit dem Führen von Gabelstaplern, auch wenn diese in Fremdunternehmen eingesetzt werden sollen, schriftlich zu beauftragen. Zusätzlich muss der Fahrer in die örtlichen Besonderheiten und am Gerät eingewiesen werden.

Persönliche Schutzausrüstung

Durch geeignete persönliche Schutzausrüstung werden Verletzungsgefahren minimiert. Bei Arbeiten rund um den Lkw sind dies mindestens geeignete Sicherheitsschuhe und Schutzhandschuhe. Abhängig von der jeweiligen Tätigkeit kann weitere persönliche Schutzausrüstung erforderlich sein.

Abbildung 53: Gebotszeichen „Fußschutz benutzen"

Abbildung 54: Gebotszeichen „Handschutz benutzen"

Sicherheitsschuhe bieten Schutz gegen herabfallende Teile und Quetschungen und sind gegebenenfalls durchtrittsicher. Darüber hinaus sorgen sie auch beim Gehen und Stehen für Halt und „guten Auftritt“. So können Rutsch- und Stolperunfälle vermieden werden.

Beim Arbeiten am Lkw sowie bei Be- und Entladearbeiten treten vor allem chemische und mechanische Gefährdungen auf. Geeignete Schutzhandschuhe können Schnitt-, Riss- und Quetschwunden verhindern bzw. die Verletzungsfolgen mindern. Zusätzlich können Schutzhandschuhe, z. B. beim Greifen von Ladung oder Werkzeug, eine bessere Griffigkeit ermöglichen.

Bei Kranarbeiten sowie auf Baustellen besteht Helmpflicht. Bestehen Augenverletzungsgefahren, z. B. beim Be- und Entladen von staubigem oder körnigem Ladegut, ist eine geeignete Schutzbrille zu tragen. Kälteschutzkleidung ist insbesondere bei Arbeiten in Kühlräumen erforderlich. Gehörschutz ist erforderlich, wenn Gefährdungen durch Lärm bestehen (z. B. bei der Verladung in Stahlwerken oder beim Ausblasen von Silos).

Abbildung 55: Gebotszeichen zum Tragen bestimmter Schutzausrüstung

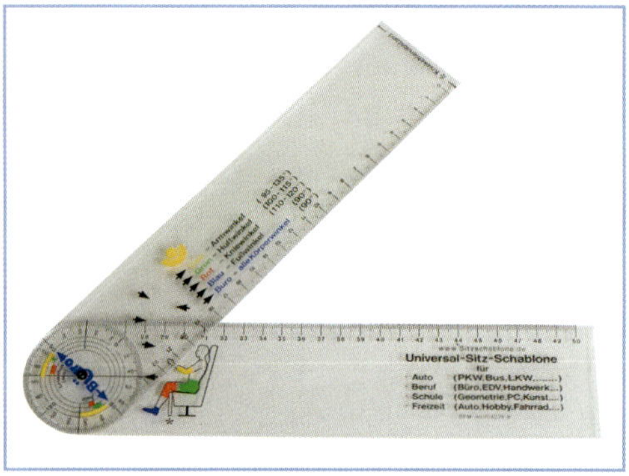

Sitzeinstellung

Moderne Lkw-Sitze bieten zahlreiche Einstellmöglichkeiten. Die meisten Fahrer können in ihren Fahrzeugen eine belastungsarme Sitzposition einnehmen – wenn sie die Verstellmöglichkeiten kennen und nutzen.

Mit der „Sitzschablone" können Sie Ihre Sitzhaltung im Fahrzeug überprüfen.

Abbildung 56: Sitzschablone Quelle z. B. BG Verkehr

Der richtige Ablauf

Vor Einstellen des Sitzes bringen Sie das Lenkrad und ggf. Instrumententräger in die vordere Position. Das Ziel ist eine entspannte, leicht zurückgelehnte Sitzhaltung.

Abbildung 57: Schritt für Schritt Fahrersitz richtig einstellen

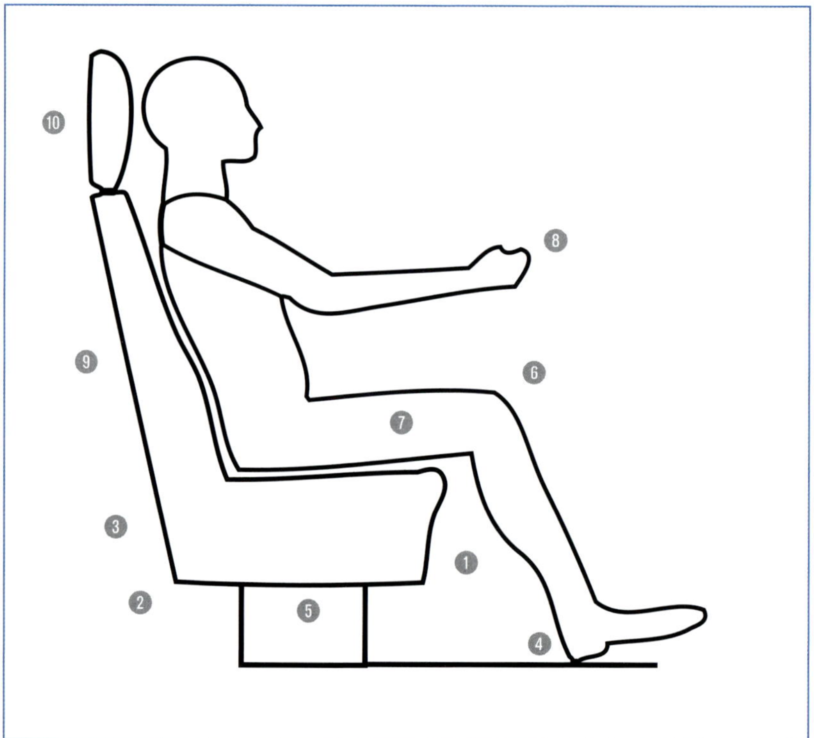

(1) Stellen Sie die Länge der Sitzfläche (Sitzflächentiefe) ein
- Abstand Kniekehle – Sitzvorderkante: ca. halbe Handbreite

(2) Stellen Sie die Neigung der Sitzfläche ein
- Die Sitzfläche soll leicht (ca. 5 Grad) nach hinten abfallen

(3) Stellen Sie die Neigung der Rückenlehne ein
- Setzen Sie sich auf dem Sitz ganz nach hinten, sodass der Rücken großflächig an der Rückenlehne anliegt
- Stellen Sie die Neigung der Rückenlehne auf ca. 15–20 Grad ein
- Kontrollieren Sie jetzt den Winkel zwischen Oberschenkel und Oberkörper (100–115 Grad)

(4) Bestimmen Sie den mittleren Pedalwinkel
- Ihre Ferse muss unten aufliegen
- Bei ca. 1/3 durchgetretenem Pedal muss der Fußwinkel 90 Grad betragen
- Ihr Fuß muss vollständig auf der Pedalfläche aufliegen

(5) Stellen Sie die Sitzhöhe und den Abstand zu den Pedalen (Sitzlängsverstellung) ein
- Die Oberschenkel müssen auf der Sitzvorderkante aufliegen
- Liegt der Fuß noch vollständig auf dem Pedal auf?

(6) Überprüfen Sie den Kniewinkel (110–120 Grad)

(7) Überprüfen Sie die Lage der Oberschenkel
- Die Oberschenkel sollen nur leicht, d.h. ohne Druck, auf der Sitzvorderkante aufliegen
- Ist dies nicht gegeben, überprüfen Sie erneut Sitztiefe, Sitzhöhe und Längseinstellung

(8) Stellen Sie das Lenkrad und ggf. den Instrumententräger richtig ein
- Die Arme sollen beim Lenken leicht angewinkelt sein
- Die Lenkradoberkante muss noch erreichbar sein

(9) Stellen Sie die Lendenwirbelstütze ein
- Die Stützwirkung soll spürbar sein, aber nicht unangenehm drücken

(10) Stellen Sie die Kopfstütze ein
- Die Oberkante muss über Augenhöhe liegen

Weitere Maßnahmen gegen Rückenbeschwerden

Es gibt neben der richtigen Sitzeinstellung weitere Möglichkeiten, Rückenbeschwerden vorzubeugen bzw. sie in Grenzen zu halten.

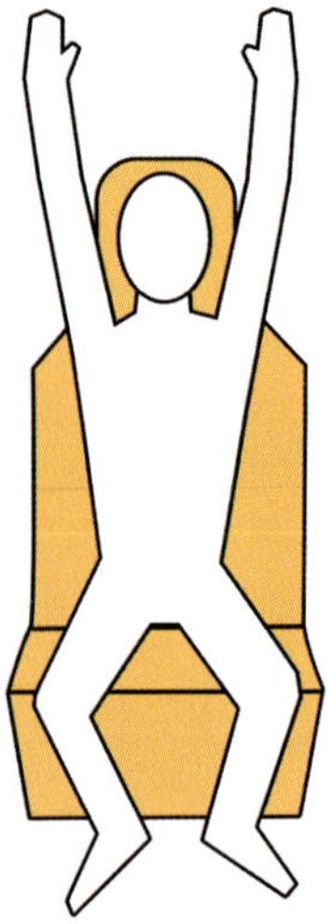

Abbildung 58: Strecken des Rumpfes

Ausgleichsübungen

Häufig werden Rückenbeschwerden durch Verspannungen der Muskulatur ausgelöst. Dagegen können Sie etwas tun: Durch richtige Sitzhaltung und rechtzeitige Pausen können Sie die Belastung Ihrer Wirbelsäule reduzieren. Ein trainierter Körper kann unvermeidbare Belastungen besser „wegstecken". Wer Sport in der Freizeit treibt, ist im Vorteil. Geeignet sind rückenfreundliche Sportarten, wie z. B. Wandern, Schwimmen, Radfahren. Durch spezielle Übungen, die Sie unter spezieller Anleitung wie z. B. in einer Rückenschule lernen, können Sie Ihre Muskulatur weiter kräftigen. Mit den Übungen in diesem Kapitel können Sie in Fahrpausen Ihre Muskulatur lockern, Verspannungen vorbeugen und sich auf Belastungen vorbereiten.

Strecken des Rumpfes (Abb. 58)

Sitzen Sie entspannt und räkeln Sie sich im Sitz. Strecken Sie die Arme hoch und heben Sie den Brustkorb an. Jetzt halten Sie die Spannung für 3 bis 6 Sekunden. Danach lösen Sie sie und atmen tief durch. Wiederholen Sie die Übung dreimal.

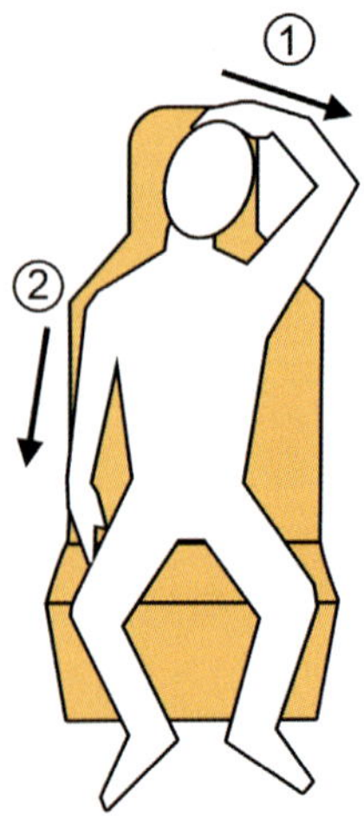

Abbildung 59: Dehnen der Halsmuskulatur

Dehnen der Halsmuskulatur (Abb. 59)

Setzen Sie sich aufrecht hin. Legen Sie den rechten Arm über den Kopf und berühren Sie mit der Hand das linke Ohr. Ziehen Sie den Kopf mit leichtem Druck zur rechten Schulter (1). Strecken Sie nun den linken Arm nach unten (2). Sie sollten jetzt eine angenehme Dehnung im Hals spüren und die Spannung einige Sekunden halten. Wiederholen Sie die Übung zweimal pro Seite.

Weitere Übungen enthält die Broschüre „Fit auf langen Fahrten", erhältlich bei der Berufsgenossenschaft für Transport und Verkehrswirtschaft (BG Verkehr).

6 Die Bedeutung einer guten körperlichen und geistigen Verfassung

Sie sollen
- die Grundsätze einer gesunden und ausgewogenen Ernährung kennen.
- über die Auswirkungen von Alkohol, Arzneimitteln oder sonstigen verhaltensändernden Stoffen informiert sein.
- Symptome, Ursachen, Auswirkungen von Müdigkeit und Stress erkennen können.
- Die grundlegende Rolle des Zyklus Aktivität/Ruhezeit kennen.

6.1 Gesunde und ausgewogene Ernährung

Krankheitsrisiken durch falsche Ernährung

Häufig wird zu viel, zu fett und zu süß gegessen. Die Folgen sind Übergewicht, Herz-Kreislauf-Erkrankungen und andere Krankheitsbilder. Die Weltgesundheitsorganisation WHO geht davon aus, dass ca. die Hälfte der vorzeitigen Todesfälle bei Männern und Frauen in Europa durch ernährungsbedingte Krankheiten verursacht werden.

Krankheitsrisiken durch Fehlernährung (Deutschland)
Herz-Kreislauf-Krankheiten
Diabetes mellitus
Gicht
Fettstoffwechselstörungen
Übergewicht
Schilddrüsenerkrankungen
Alkoholismus
Karies
Gallenerkrankungen
Chronische Lebererkrankungen
Bauchspeicheldrüsenerkrankungen
Osteoporose

Zum Schlimmsten muss es nicht gleich kommen, aber im Fahreralltag bewirken unausgewogene oder falsche Ernährungsgewohnheiten nicht selten Konzentrationsmängel, die häufig zu Problemen führen.

Vollwertige Ernährung

Um dem Körper das zu geben, was er braucht, muss man sich bewusst ernähren. Das heißt nicht, dass man hungern muss. Die Umstellung auf eine gesündere Ernährung ist oft sogar mit einer Steigerung des Ess-Vergnügens verbunden, denn durch gezieltes Auswählen der Speisen genießt man bewusster.

Mahl-„Zeit"

Auch der richtige Zeitpunkt der Mahlzeiten ist wichtig: Das Fahrzeug kann man volltanken und den Tank dann leer fahren. Beim Menschen lässt sich die Nahrungsaufnahme nicht beliebig hinausschieben, und er kann seinen „Tank" auch nur begrenzt füllen. Mit vollem Magen zu einer mehrstündigen Autobahnetappe zu starten, ist wenig sinnvoll. Dies gilt umgekehrt genauso für anstrengende Ladearbeiten mit knurrendem Magen.

Für den Stoffwechsel ist es günstiger, **mehrere über den Tag verteilte kleinere Mahlzeiten** zu essen. Beispielsweise hat es sich bewährt, fünf- statt dreimal täglich zu essen. Dadurch lässt sich die Leistungskurve positiv beeinflussen. Das zur Mittags- und Abendzeit einsetzende Leistungstief wird durch fett- und nährstoffreiche Mahlzeiten verstärkt. Aus Sicht der Ernährungswissenschaftler ist auch für Lkw-Fahrer das sogenannte 2. Frühstück sinnvoll. Über den toten Punkt am Nachmittag hilft ein kleiner Imbiss hinweg.

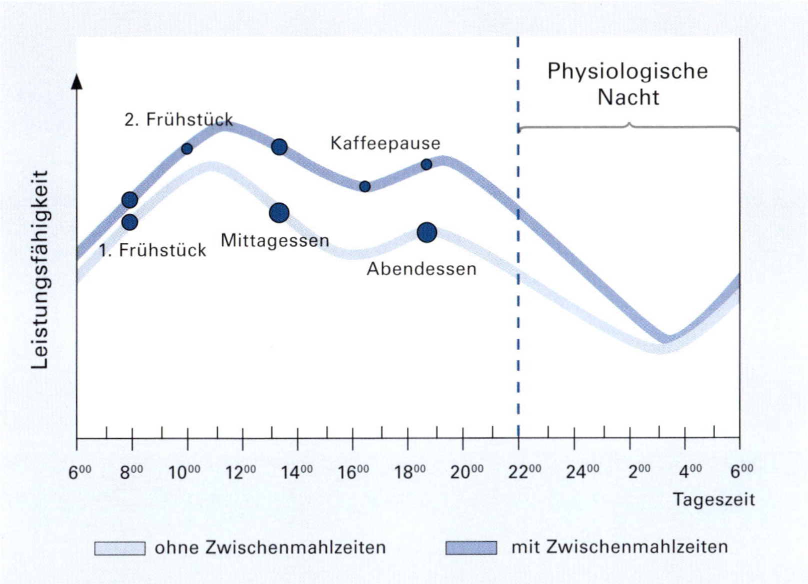

Abbildung 60: Leistungsbereitschaft bei drei und fünf Mahlzeiten pro Tag

Während das Frühstück die Hauptmahlzeit des Tages sein sollte, reicht abends ein kleiner Happen. In der Praxis wird dies leider häufig nicht beachtet.

Ernährungstipps

„Gesunde“ oder „ungesunde“ Nahrungsmittel gibt es eigentlich nicht. Wie fast immer im Leben macht es die richtige Mischung – und die Menge, wobei hier die Regel gilt: Allzu viel ist ungesund! Was ist unter vollwertiger Ernährung zu verstehen? Das tägliche Essen von Getreideprodukten, Kartoffeln, Gemüse, Obst, Milch und Milchpro-

Abbildung 61: Essen Sie mehrmals täglich Getreide(produkte)

dukten! Vollkornprodukte sind reich an Nährstoffen. Reduzieren Sie Fleisch, Eier und Fett. Also: mehr Brot, weniger Belag und weniger Fleisch, mehr Beilagen.

Und die Wahl fettarmer Lebensmittel, sparsames Salzen sowie weniger Süßes trägt zum Positiven bei.

Abbildung 62: Zuckerhaltige Lebensmittel

Kuchen und Gebäck sollten die Ausnahme auf dem Speisezettel bleiben. Besser sind stattdessen Obst und Gemüserohkost.

Abbildung 63:
Ernährungskreis
Quelle: Deutsche Gesellschaft für Ernährung
1 – Getreide(erzeugnisse)/ Kartoffeln
2 – Gemüse, Salat
3 – Obst
4 – Milch, Milchprodukte
5 – Fleisch, Wurst, Fisch, Ei
6 – Fette, Öle
7 – Getränke

Weniger Essen – Mehr Genuss
Ein wirksamer Versuch zur Kalorienreduzierung ist es, bei den Mittags- oder Abendmahlzeiten weniger zu essen und stattdessen etwas für die Zwischenmahlzeiten mitzunehmen. Wie schon erwähnt, wird die Leistungsfähigkeit durch ein zweites Frühstück am Vormittag erhöht. Ohne fettes Essen im Magen ist das Mittagstief weniger ausgeprägt, und am Nachmittag ist dafür noch mal etwas Leichtes erlaubt.

Kantinen oder Raststätten bieten oft kalorienarmes **Hähnchen- oder Putenfleisch** an. Es muss auch **nicht jeden Tag Fleisch** sein, stattdessen lieber mehr Gemüse und Salat. Auch Fisch, am besten Seefisch, sollte einmal pro Woche auf dem Speiseplan stehen. Als Beilage kommen Pell- oder Salzkartoffeln statt Pommes oder Kroketten in

Frage. Und: Das Nachsalzen von Speisen ist oft reine Gewohnheit, ist dies wirklich nötig?
Ein leichter **Nachtisch** besteht vorzugsweise aus Joghurt, Quarkspeisen oder Obst.

Das besser nicht	**Das hält fit**
Statt ...	**Wählen Sie**
Müsliriegel (bis auf wenige Ausnahmen) Croissants	Müsli ohne Zuckerzusatz mit Obst Müslibrötchen
Brot/Brötchen mit Salami, Leberwurst, Fleischwurst, vollfettem Käse Salate mit mit Nudeln/Kartoffeln mit Mayonnaise	Brötchen mit z. B. Schinken, Pute; Bierschinken; Gemüsestreifen zum Brot Salate mit Nudeln/Kartoffeln mit Essig und Öl
Currywurst mit Pommes frites und Mayo Pizza mit Salami	Nudeln mit Tomatensauce Pizza mit Schinken, Pizza Margherita
Gerichte mit Sahnesaucen Bratwurst mit Brötchen Gyros mit Pommes Eintopf mit Mettwurst	Gerichte mit Nudeln/Kartoffeln/ Reis oder Gemüseaufläufe Döner-Sandwich mit Salat Gyros mit Reis und Salat Eintopf mit Rindfleisch, Geflügel
Paniertes Schnitzel mit Kartoffelsalat Panierte Hänchenteile mit Pommes und Cola	Schnitzel/Kotelett natur gebraten mit Gemüse oder Salat und Kartoffeln, Nudeln Hamburger mit Salat und Obst

Getränke

Bei normalen Außentemperaturen muss ein Erwachsener täglich 2,5 Liter Flüssigkeit zu sich nehmen, davon mindestens 1,5 Liter durch Trinken. Bei körperlicher Anstrengung oder Hitze erhöht sich der Bedarf. Eine zu geringe Flüssigkeitsaufnahme ist schädlich für den Körper. Wichtig ist die Auswahl der Getränke: Kaffee und schwarzer Tee sind oft weniger günstig, sie haben oft eine entwässernde

Wirkung und enthalten Reizstoffe. Viele Limonaden (vor allem auch Cola) enthalten zu viel Zucker. Kräuter- und Früchtetees, verdünnten Fruchtsäften und Wasser ist der Vorzug zu geben.

Tipps für unterwegs: *Beim Schnellimbiss*
Die schnelle Mahlzeit aus der Imbissbude ist solange kein Problem, wie sie nicht zur täglichen Gewohnheit wird. Ein Hamburger oder eine Fischfrikadelle ist hier der fettreichen Currywurst mit Pommes vorzuziehen. Dazu ein Salat gleicht die fehlenden Ballaststoffe aus.

Gesundes in der Butterbrotdose
„Das Auge isst mit" – und dem Körper tut es gut: Das Verfeinern belegter Brote mit Salatstreifen, Gurkenscheiben oder Paprika macht optisch „was her". Eine Portion möglichst frisch zubereiteten Salates dazu krönt das Ganze.

Abbildung 64:
Sandwich
Quelle: pixelio/
Maiha

Es darf sich auch ab und zu Nudel- oder Kartoffelsalat im „Gepäck" befinden. Dies muss jedoch dann gut gekühlt aufbewahrt werden (Kühlbox). Pausen lassen sich gut für die Zwischenmahlzeiten nutzen. Essen in Gesellschaft ist übrigens angenehmer.

6.2 Stress und Müdigkeit

Das „Nacht-Tief"
Der Mensch verbringt ein Drittel seines Lebens im Schlaf, was keinesfalls verlorene Zeit bedeutet, denn: Der Mensch lädt im Schlaf seine Batterien auf. Doch auch wenn der Mensch wach ist, variiert seine Leistungsfähigkeit. Jeder Mensch durchläuft im Verlauf eines Tages mehrere Phasen, in denen seine Leistungsbereitschaft schwankt.
Der Mensch erlebt in den Nachtstunden eine Tiefphase. Darüber hinaus kennen viele das „Mittagstief".

Abbildung 65: Leistungsbereitschaft bei Tag und Nacht

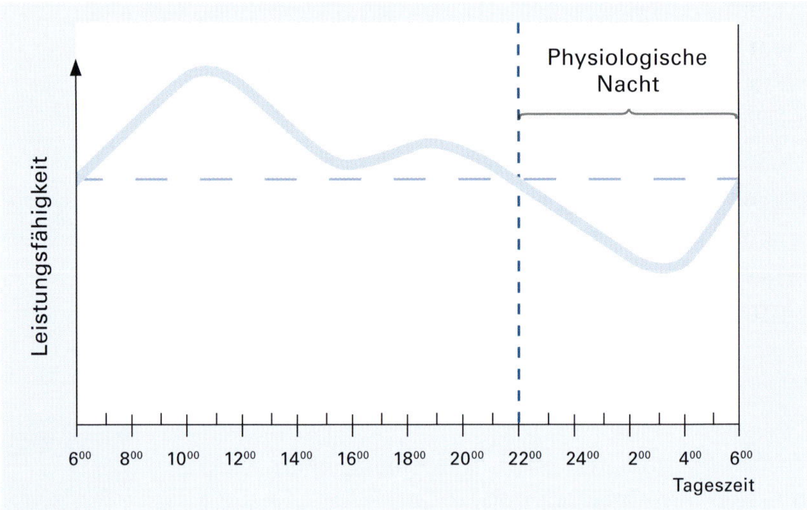

Müdigkeit und Warnzeichen

Das Ergebnis von Müdigkeit und der damit verbundenen Konzentrationsschwäche sind Fehler. Als Folge lässt die Reaktionsgeschwindigkeit nach und Fahrfehler nehmen zu. Schlafmangel kann, ähnlich wie der Konsum von Alkohol, zu Fahruntüchtigkeit führen. Es kann jedoch nur geschätzt werden, wie viele Unfälle durch Übermüdung verursacht werden. **Studien zeigen, dass die Ursache für jeden vierten tödlichen Autobahnunfall Einschlafen am Steuer ist.**

Woran man Ermüdung am Steuer erkennt:

- Gähnen
- Brennende Augenlider
- Blendempflindlichkeit
- Häufiges Augenzwinkern
- Verspannungen der Schulter- und Rückenmuskulatur
- Leichte Kopfschmerzen
- Erhöhte Reizbarkeit
- Blickstarre (Bilder laufen wie im Film ab)
- Tunnelförmige Einengung des Blickfeldes
- Wahrnehmungsfelder bis hin zu Halluzinationen
- Schlechtes Abschätzen von Abständen zur Seite und zum voraus-

fahrenden Fahrzeug (macht sich auch durch permanentes Fahren am oder auf dem Mittelstreifen bemerkbar)
- Ruckartige und unnötige Lenkbewegungen
- Häufiges Verschalten
- Unangemessen heftige Bremsmanöver
- Verlangsamte Reaktionen
- Entscheidungsunfreudigkeit
- Konzentrations- und Orientierungsschwierigkeiten
- Übermäßige Euphorie

Quelle: Bruderhilfe

Maßnahmen gegen Müdigkeit

Zum Thema „Müdigkeit" kann man nur sagen: Gegen Müdigkeit hilft nur ausreichender Schlaf!

Tipps, wie man die Ermüdung nicht noch begünstigt:

Richtige Ernährung

Falsche Ernährung kann Müdigkeit und Trägheit begünstigen. Eierspeisen, fleisch- und fettreiche Gerichte sollten vermieden, kohlehydratreichen Speisen und Gemüse der Vorzug gegeben werden. Tiefphasen können durch kleine Zwischenmahlzeiten am Vor- und Nachmittag ausgeglichen werden.

Abbildung 66: Aktive Pause
Quelle: aboutpixel.de Peter Ehmann

Aktive Pausen

Eine Pause mit Bewegung an der frischen Luft, spätestens alle zwei Stunden, ist ideal. Ist dies nicht möglich, sollten zumindest die gesetzlich vorgeschriebenen Pausen bzw. Ruhezeiten für ein wenig Bewegung genutzt werden.

Mobilisierung des Herz-Kreislaufsystems

Zur Aktivierung des Herz-Kreislaufsystems reichen oft schon einige Minuten zügiges Gehen oder Laufen. Dabei sollte jeder selbst bestimmen, wie viel sportlichen Ehrgeiz er entwickeln will. Die Herzfrequenz (Puls) sollte dabei aber stets unter 180 minus Lebensalter bleiben. Selbst auf dem kleinsten Parkplatz kann man spazieren gehen.

Abbildung 67:
Dehnübungen
Quelle: DVR

Mobilisierung der Rumpfmuskulatur
Beide Füße stehen hüftbreit parallel zueinander. Beide Hände liegen am Hinterkopf und beide Ellenbogen sind nach hinten gedrückt. Jetzt wird der Oberkörper langsam nach rechts bzw. links gedreht. Diese Übung wird pro Seite 3- bis 5-mal wiederholt (s. Abb. 67).

Mobilisierung der Beinmuskulatur
Im Stand werden die Ballen und Fersen abwechselnd vom Boden gehoben. Atmen Sie gleichmäßig durch und strecken den Körper.

Klima im Lkw
Da gutes Klima im Lkw-Führerhaus wichtig ist, sollte hier nicht geraucht werden. Die Heizung des Fahrzeugs ist auf eine angenehme Temperatur einzustellen und durch entsprechende Maßnahmen für gute Belüftung zu sorgen.

Vorsicht bei Medikamenten
Mit der Einnahme von Medikamenten sollte man vorsichtig sein, da diese die Fahrtüchtigkeit einschränken können. Deshalb: „Zu Risiken und Nebenwirkungen fragen Sie Ihren Arzt oder Apotheker".

Rechtzeitige Fahrtunterbrechung
Regelmäßige Pausen einlegen! Selbst wenn man schon fast am Ziel ist, muss die Fahrt schon bei den ersten Anzeichen von Müdigkeit unterbrochen werden.

6.3 Aktivitäten und Ruhezeiten

Fahrer haben häufig lange und unregelmäßige Arbeitszeiten, was nicht immer angenehm, aber oft unvermeidbar ist. Sie können jedoch selbst beeinflussen, wie sehr Sie durch Nacht- und Schichtarbeit beansprucht werden:

Pausen aktiv gestalten
Wer mehr für sich tun möchte, als Zeitung lesend und rauchend hinter dem Lenkrad sitzen zu bleiben, verbringt die Pausen mit Bewegung an der frischen Luft. Unterhaltung mit anderen sorgt für Abwechslung und tut einfach gut. Entspannungsübungen beugen Stress vor.

Entspannter Schlaf in den „eigenen vier Wänden"
Die Einrichtung Ihres Schlafzimmers ist nicht nur eine Frage des Geschmacks. Wichtig ist auch, dass der Schlafraum wirksam abgedunkelt werden kann. Weitere Voraussetzungen für erholsamen Schlaf sind Ruhe, eine gute Matratze und ein gut belüfteter Raum. Wer in der Nachtschicht arbeitet, geht am besten direkt nach der Schicht ins Bett. „Kleine Helfer" wie Schlafmittel oder Alkohol sind ungeeignet.

Bewusst(es) Essen
Wer unregelmäßige Arbeitszeiten hat, isst oft auch unregelmäßig. Eine leichte, fettarme und vollwertige Ernährung ist unter diesen Umständen besonders wichtig. Und wer nachts unterwegs ist, sollte nach Möglichkeit vor 1.00 Uhr morgens essen. In der Freizeit haben sich Mahlzeiten im Familien- und Freundeskreis als gut herausgestellt.

7 Wissens-Check

1. Welche Methode zum Tragen ist die ergonomischste?

2. Wie hebt und trägt man Lasten am ergonomischsten?

3. Welche Maßnahmen gegen Rückenbeschwerden kennen Sie?

4. Was ist für den Körper besser, fünf kleine Mahlzeiten oder drei große?

5. Was hilft gegen Müdigkeit?

6. Ist Alkohol eine Maßnahme gegen Schlafstörungen?

7. Nennen Sie mindestens drei Verkehrsträger, die entsprechenden Verkehrsmittel und die dazugehörigen Verkehrswege!

Verkehrsträger	Verkehrsmittel	Verkehrswege

8. Nennen Sie Vor- und Nachteile von Eisenbahnen in Bezug auf den Güterverkehr!

Vorteile:

Nachteile:

9. Was versteht man unter kombiniertem Verkehr?

10. Warum sollte „aktiv zugehört" werden?